2020
한국경제

2020
한국경제

지은이 | 최윤식

1판 1쇄 인쇄 | 2019년 12월 17일
1판 1쇄 발행 | 2019년 12월 26일

펴낸곳 | (주)지식노마드
펴낸이 | 김중현
디자인 | 제이알컴
등록번호 |제313-2007-000148호
등록일자 | 2007. 7. 10
(04032) 서울특별시 마포구 양화로 133, 1201호(서교동, 서교타워)
전화 | 02) 323-1410
팩스 | 02) 6499-1411
홈페이지 | knomad.co.kr
이메일 | knomad@knomad.co.kr

값 12,000원

ISBN 979-11-87481-70-6   03320

미래학자 최윤식의 Futures Report

2020
한국경제

최윤식 지음

지식노마드

우리를 불안하게 하는 3대 위기,
2020년은 어떻게 될까?

"2020년 한국과 세계 경제는 어떻게 될까?"

연말이 다가올수록 점점 더 많이 받는 질문이다. 즐거움과 희망 대신 걱정과 불안의 마음으로 새해를 맞는 사람들이 점점 늘고 있는 듯하다. 필자를 향한 질문에도 그런 걱정과 불안이 묻어 있음을 느낀다. 주변에 사정이 나아졌다는 사람이나 비즈니스는 거의 찾아보기 어렵다. 워런 버핏은 최대의 현금을 쌓고 있다고 하고, 금세기 최고의 헤지 펀드 투자자라는 레이 달리오는 경제가 미쳤다며 자산시장의 하방 가능성에 대비한 헤지 포지션을 취하고 있다는 뉴스를 보면 금방이라도 위기가 터질 듯한 불안감에 사로잡힌다.

필자는 미국 주식시장의 대조정, 중국의 금융위기, 한국의 금융위기라는 3가지 큰 위기 가능성을 오래 전부터 예측하고 경고해왔다. 필자는 미래학자로서 매일 국내외 사건과 신호들을 추적하고, 그 속에서 팩트를 추리고, 분석한다. 분석을 거듭할수록 치솟는 미국 주가에도 불구하고, 3대 위기의 가능성이 점점 더 현실이 될 확률이 높아지고 있다는 염려를 지울 수 없다.

IMF도 2019년 10월에 발표한 '금융안정보고서'를 통해 비슷한 경고 메시지를 발신했다.

- 2008년 이후, 기업 부채가 급증하고 투자 부적격 등급으로 추락할 가능성이 큰 기업이 크게 늘면서 시스템 위기가 발발할 가능성이 커지고 있다.
- 빠르면 2021년 글로벌 경제가 후퇴 국면Recession으로 진입할 수 있다. 글로벌 경기가 후퇴하기 시작하면, (기업의 이자 지불 능력에 문제가 생기면서) 연쇄 신용대란이 발생할 가능성이 커지고 있다.
- 미국과 일본의 증시가 과대평가되어 있다.
- 한국의 은행 시스템이 브라질, 인도, 터키와 함께 취약자산vulnerabilities에 많이 노출되어 있다.

　　　　　　　　　　　　　　　　　- IMF 금융안정보고서(2019.10) 중에서

IMF뿐만이 아니다. 2019년 중반부터 국내외 기관과 전문가 사이에서도 위기를 경고하는 목소리가 부쩍 많아지기 시작했다.

급변하는 국내외 정세와 경제 상황을 면밀히 추적하다 보면 마치 러시안룰렛 게임 같다는 느낌마저 받는다. 권총 안에 한 발의 총알이 들어 있는 것은 자명한 사실인데 그게 언제 발사될지 알 수 없다는 데서 오는 공포. 전 세계 경제 주체들이 너나할 것 없이 최대한으로 부채 끌어 쓰기 경쟁을 벌이고 있지만, 부채를 무한하게 늘릴 수 없다는 점은 자명하다. 그런데 무엇이 언제 어떻게 터질지 알기 어렵게 복잡하게 얽혀 있다. 최악의 경우 3개의 위기가 거의 동시에 혹은 서로 맞물리며 연속해서 터질지도 모른다는 불길한 예감마저 든다.

2018년 후반기부터 살얼음판을 걸어온 세계경제는 2020년에도 사정이 크게 달라지지 않을 듯하다. 트럼프 대통령은 자신에 대한 탄핵 정국이 마무리될 때까지 양극단(공격과 휴전)을 방황하는 언행을 이어갈 가능성이 매우 크다. 미국 민주당은 탄핵 정국을 이끌고 있지만 바이든(우크라이나 문제)과 샌더스(건강 문제)가 민주당 대선 주자 경쟁에서 밀리고 있다. 월가와 실리콘밸리 기업이 적이라고 생각하는 사회주의 노선의 엘리자베스 워렌이 민주당의 대선 주자로 확정되면 2020년 대선에서 명확한 한계에 직면하게 될 것이다. 트럼프와 민주당 모두 승리를 확신을 할 수 없게 되면 서로 치열한 난타전을 벌이면서 자기 지지층을 결집시키는 데에만 총력을 기울이는 선거전이 될 가능성이 크다. 결국 2020년에도 미국 정치 상황은 혼돈, 불확실성, 극단, 공포 등으로 가득 찰 위험이 크다.

트럼프가 중국에 대한 무역 공격에 이어 금융 공격을 가할 조짐이 나타나기 시작했다. 그리고 WTO가 징벌적인 100% 관세율 부과를 허용하기로 결정함으로써 미국이 유럽연합과의 무역전쟁을 강화할 가능성도 보인다. 가능성은 높지 않아 보이지만 일부 전문가들은 트럼프가 중국인의 미국 투자를 막는 행정명령에 전격 서명하면서 주식시장에서 재앙이 시작될 것을 우려하고 있다.

이런 모든 상황을 감안해 보면, 트럼프가 앞으로 내놓을 경기부양책(추가 감세 및 대규모 인프라 투자 계획 등)이 예상과 다르게 미국 기업의 투자와 내수 소비의 추세를 상승 반전시키는 데 성공하지 못할 가능성도 시나리오에 넣어야 한다는 생각이 들 때가 있다.

중국의 제조업과 소비가 빠르게 위축되고 있다는 지표가 계속 나타나고 있다. 유럽 수출경쟁력의 핵심인 독일 제조업이 중국경제의 하방과 미중 무역전쟁의 부메랑을 맞아서 부진이 생각보다 길어질 가능성도 보인다. 중국 상업 영역의 부채와 부동산의 버블 붕괴를 현실화할 뇌관 중 하나인 홍콩 경제도 위기감이 증폭되었다가 가라앉기를 반복하고 있다. 시위에 참가한 고등학생이 경찰이 발사한 실탄에 맞아 중상을 입고, 시위대는 시진핑 국가주석의 초상화를 불태우며 중국에 대한 적개심을 드러내고, 홍콩 행정부는 계엄령에 해당하는 긴급법을 발표했다. 불행 중 다행인지 모르겠지만 중국 정부가 군대를 동원한 무력 진압 대신 시간 끌기 전략을 구사하면서 시위의 동력이 서서히 약화하고 있다. 하지만 아직은 안심할 수 없다. 미국은 민주당과 공화당이 한마음으로 '홍콩 인권 민주주의 법안'을 통과시켰고, 중국의 인권 문제를 계속 제기하고 있다. '홍콩 인권 민주주의 법안'이 발효되면, 홍콩의 기본적 자유를 억압한 책임자에 대해 미국 비자 발급을 금지하고 자산을 동결할 수 있다. 중국 정부가 내정간섭이라고 크게 반발할 것이 확실하다. 영국과 유럽연합의 브렉시트 협상도 가까스로 최악의 상황(하드 브렉시트 강행)은 피했지만 여전히 진퇴양난 형국에서 헤어나오지 못하고 있다.

한국은 어떨까? 한국 수출은 중국 기업의 추격에 쫓기는 상황에서 미국과 중국, 한국과 일본의 무역전쟁으로 글로벌 공급망이 흔들리는 충격을 받고 있다. 한국 내수 경제도 좋아질 기미가 거의 보이지 않는다. 일부 부동산 가격만 들썩일 뿐이다. 가계 부채와 좀비기업에 의한 금융위기 가능성은 점점 커지지만, 다가오는 위기에 대비하고 경제와 민생을 수습해야 할 책임을 부여받은 정부와 국회는 정치적 공방을 벌이느라 위기에 대응할 시간을 허비하고 있다. 자영업자와 제조업 정규직 일자리는 줄고, 정부 지원 일자리와 공기업 정규직 전환만 늘어나고 있다. 2020년 경제성장률을 높이기 위해서 반도체 경기가 회복되기만을 바랄 뿐이다. 그나마 사우디아라비아가 드론 공격을 받은 아람코 시설을 예상보다 빠르게 복구하고 있다는 소식에 국제 유가가 빠르게 안정된 것이 유일한 위안인 듯 보인다.

필자는 2020년에 4번의 '미래학자 최윤식의 〈Futures Report〉 시리즈를 발간할 예정이다. 정세가 급하게 변하고, 위기가 계속 커지는 상황이기에 분기마다 한 번씩은 흐름을 점검하고 다음 단계 시나리오를 예측해 볼 필요가 있기 때문이다. 20202년 시리즈 1권이 될 이 책에서는 2020년 한 해를 조망하며 세계와 한국경제의 가능성을 짚어 보려 한다. 먼저 Part 1에서는 한국경제의 한 해 방향에 영향을 주는 세계경제 및 정치적 이슈들을 점검한다. 한국의 미래 변화는 외부의 영향을 크게 받는다. 그렇기 때문에 한국의 미래를 조망하려면 외부를 먼저 살펴보는 것이 중요하다. Part 2에서는 독자들이 관심을 갖는 한국 내부의 이슈가 2020년 한 해에 어떤 방향으로 전개될 것인지에 대해서 간단한 전망과 시나리오 가능성을 점검해 보려 한다.

필자가 늘 잔소리처럼 덧붙이는 말이 있다. 필자의 예측을 100% 일어날 예언으로 받아들이지 말라. 미래는 필자가 예측한대로 완벽하게 전개되지 않는다. 필자의 예측이나 시나리오에도 한계가 있다. 예언은 신의 영역이다. 필자의 예측은 가능성의 범주에서 전개된다. 논리적이고 확률적인 가능성의 범주에서 다뤄진다.

미래 예측을 통해 미래의 다양한 가능성을 아는 것은 큰 힘이 된다. 20~30년 이후의 먼 미래이든 2020년 한 해이든, 남들과 다르게 생각해 보는 것은 힘이 된다. 다른 생각을 가져야 다가오는 위기에 선제적으로 대응하고, 미래의 기회를 선점할 가능성을 높여 준다. 막연한 기대나 근거 없는 낙관론 혹은 막무가내 식의 부정적 비난은 도움이 되지 않는다. 논리적이고 확률적인 생각의 힘이 위기 가운데서 당신을 구할 수 있다. 예측의 가치가 여기에 있다. 부디, 이 소책자를 읽는 독자들에게 이런 유익이 있기를 소망한다.

2020년 위기 속에서도 '더 나은 미래'를 찾고자 하는 독자를 위해
미래학자 최윤식 박사

Part 1

2020 세계경제,
복합 위기 지속된다

2020년 세계경제는 복합 위기

2020년에 세계경제는 '복합적 위기 가능성'이 지속될 것이다.

- 중국, 미국, EU의 하방 추세가 지속된다.
- 미중 무역전쟁에서 팽팽한 신경전이 계속된다. (미국과 중국간의 무역협상에서 스몰 딜에 서명하더라도 갈등은 계속될 것이다)
- 중동 등에서 지정학적 리스크가 지속된다.

IMF는 2019년 10월에 '금융안정보고서'를 발표하며 2008년 금융위기 이후의 초저금리 환경에서 급격히 늘어난 기업부채가 앞으로 글로벌 금융위기를 일으킬 가능성이 가장 큰 뇌관이라고 지적했다. 위의 3가지 흐름은 전 세계에 걸쳐 기업 영역의 부채 위기 가능성을 더 키우게 될 것이다. IMF는 2021년이 되면 미국, 중국, 일본, 유로존 등 주요 경제권의 8개국에서 채무불이행(디폴트) 위험이 있는 기업부채가 19조달러(약 2경 2600조원)까지 늘어날 것으로 예측했다.

IMF는 "미국에서 과도한 차입을 통한 인수·합병M&A이 늘어나면서… 미국 기업의 차입매수(LBO: Leveraged Buyout, 피인수 기업의 자산과 수익을 담보로 인수 자금을 조달하여 진행하는 M&A)가 급격히 증가했고, 이는 기업 신용도 약화로 이어지고 있다"고 경고했다.

미국 전체 신용시장에서 투자적격등급의 하한선인 신용등급 'BBB' 기업이 차지하는 비중이 2008년 말 31%에서 2019년 9월 말 47%로 증가했다. 같은 기간 BBB 이상인 투자적격등급 신용시장도 2조 5000억달러에서 6조 9000억달러로 규모가 급팽창했다. IMF는 세계경제 침체와 무역전쟁의 여파로 각국 주요 기업의 이익률이 한 자릿수로 떨어진 상황에서, 2021~2022년경에 글로벌 경기 불황Recession이 발생하면 BBB 등급 기업의 이자 지불 능력이 악화하면서 연쇄적 신용위기와 파산 가능성이 커질 수 있다고 경고했다. 미국 증시의 장기 호황과 초저금리 환경에서 기업이 시장에서 돈을 대규모로 조달한 만큼 환경이 조금만 변해도 투자부적격등급으로 떨어질 가능성이 있는 기업의 비중도 함께 늘어난 셈이다.

한 가지 위험 요소가 더 있다. 2020년 중국경제는 2019년보다 더 어려워질 것이다. 물론 2020년에 당장 중국에서 금융위기가 발생할 가능성은 작지만, 제조업 기업이 더 빠른 속도로 위축될 가능성이 크다. 2020년 한 해 동안 중국경제의 최대 이슈는 '소비 부진'이 될 가능성이 크다. 위축된 제조업 경기가 단기간에 회복하지 못하고 투자와 생산 부진이 오래 지속되면 그 다음으로 소비 부진으로 인한 위기가 부상하게 될 것이다. 2019년 한 해, 중국 제조업의 부진은 중국 수출 비중이 큰 독일 경제에 치명상을 주었다. 중국경제가 부진할 경우 2020년 한 해 동안 독일과 유로존 경제도 반등을 기대하기 어렵다.

이 모든 요인을 종합해 보면 2020년의 세계경제성장률은 (미중 무역전쟁의 휴전 영향으로) 2019년보다는 높지만 2018년까지의 최근 추세보다는 낮아질 가능성이 크다. IMF의 게오르기에바 총재는 미중 무역전쟁이 휴전 없이 평행선을 달릴 경우 2020년 세계경제는 GDP에서 0.8%의 손실(약 7,000억달러)을 기록하고, 협상을 타결해서 '휴전'에 성공할 경우에도 세계경제는 GDP의 0.2%에 이르는 손실을 입을 것으로 예측했다. 이런 변수를 고려해서 IMF는 2020년 세계경

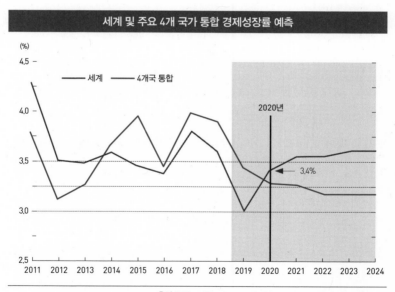

세계 및 주요 4개 국가 통합 경제성장률 예측

출처: IMF staff estimates, IMF World Economic Qutlook(2019.10.)
주: 4개국—중국, 유로존, 일본, 미국.

제의 성장률을 약 3.4%로 예측했다. 2019년 성장률 3.0%보다는 다소 높아질 것이라는 예측이다. 그러나 중국, 유로존, 일본과 미국 등 주요 4개국의 통합성장률은 2019년보다 낮아질 것으로 예측했다. 중국의 경제성장률이 2019년보다 2020년에 더 낮아지고, 유럽, 일본, 미국의 경제성장률도 부진할 것이라는 예측이다.

그러나 2019년 한 해 동안 IMF를 비롯해서 국내외 주요 경제기관이 세계경제와 주요 국가의 경제성장률을 몇 번이나 하향 조정했던 사실을 잊지 말아야 한다. 2020년에도 그럴 가능성이 충분하다. 최악의 경우 가까스로 휴전에 이른 미국과 중국의 무역전쟁이 다시 불붙는다면 2020년 세계경제 성장률은 2019년과 비슷하거나 더 낮아질 수도 있다.

Q IMF는 '2020년 중국경제가 2019년보다 더 나빠질 것'이라고 보는 듯한데, 중국경제는 어떻게 될까? 미국의 공격에 몰린 중국경제가 곧 붕괴할 것이라는 주장도 한편에서 나오고, 정반대로 중국경제는 미국식 자본주의와 달리 국가가 통제하고 관리하기 때문에 견고하다는 주장도 있다. 2020년 중국은 정말 괜찮을까?

2020년 경제상황이 2019년보다 좋지 않고 위험하기는 하겠지만 무너질 정도는 아니다. 2020년 한 해 동안은 중국이 미국의 공격을 버텨낼 수 있을 것으로 분석된다.

그러나 앞으로 5~10년으로 시간 범위를 넓혀서 볼 때 중국의 미

래는 둘 중의 하나일 것이다. 먼저 중국에서 부동산 1차 버블 붕괴
와 상업영역발 금융위기가 일어날 확률이 매우 높다. 필자의 분석으
로는 중국에서 금융위기가 일어날 확률이 80%이다. 다른 시나리오
는 금융위기의 발발을 막는 대신 장기간 저성장의 늪에 빠질 가능
성인데, 20%의 확률적 가능성을 가지고 있다. 금융위기를 가까스로
막더라도 중국경제는 막대한 부채와 커다란 암덩어리처럼 기생하는
좀비기업의 문제를 해결하지 못함으로써 오랫동안 저성장의 늪에서
허우적거리게 될 것이다.

그러나 금융위기가 발생하는 시나리오로 가더라도 당장은 아니다.
중국은 앞으로 1~3년 정도 더 버티기에 충분한 여력을 가지고 있다.

- 2020년에 중국의 경제성장률이 6%를 깨고 내려와 5% 중후반에 머물
  더라도 세계 2위의 경제 규모를 가진 큰 나라이기 때문에 대마불사라
  는 환상이 작용한다.
- 중앙정부의 의지가 확고하고 강력한 관치금융이 작동하므로 돈을 더
  풀어 몇 년 더 산소호흡기를 가동할 금융과 재정 여력도 남아 있다.
- 세계경제의 방향을 좌우하는 미국이 경제 조정기에 진입해서 기준금리
  를 인하하는 바람에 외국 자본의 중국시장 탈출 시점도 연기되었다.

이러한 이유를 종합해 볼 때 2020년에도 중국은 위기 요인을 통
제하며 버틸 수 있을 것이다.

그렇다면 현재 중국의 위기는 어느 수준일까? 필자의 아시아미래

인재연구소는 아래와 같이 10단계로 위기 수준을 분류한다. 각급 경제 기관이나 정부마다 나름의 위기 분류 기준을 가지고 있다. 각 분류 기준마다 나름대로 의미를 가지기 때문에 우열을 나누기는 어렵다. 필자의 연구소가 설정한 10단계 위기 분류 기준은 자본주의에서 발생한 수많은 위기 사례의 패턴을 분석해서 미래의 위기를 예측하고 예방 혹은 대비하는 데 중점을 둔 기준임을 밝힌다. 아시아미래인재연구소의 기준에 따르면, 2019년 11월 현재 중국의 금융위기는 3단계 부근에 도달했다.

중국의 위기와 더불어 필자가 '앞으로 2~3년 안에 일어날 3대 위

아시아미래인재연구소의 위기 구간 10단계 분류

1단계: 위기 예견 시작 구간
선견자들로부터 위기를 예견하는 휴리스틱 예측의 경고 목소리가 나오기 시작한다.
- 휴리스틱heuristics은 불충분한 시간이나 정보 때문에 합리적인 판단을 할 수 없거나, 체계적이면서 합리적인 판단이 굳이 필요하지 않은 상황에서 사람들이 빠르게 사용할 수 있는 어림짐작의 방법

2단계: 위기 예측 증가 구간
전문가의 구체적인 위기 예측 목소리가 증가한다.
- 1–2단계는 선견적 전문가가 위기 예측을 제기하는 구간

3단계: 위기 우려 증가 구간
위기 징후가 실물 경제에서 빈번하게 나타나며 시장에서 위기를 걱정하는 목

소리가 늘기 시작한다(미국, 중국의 현 단계)

4단계: 불확실성과 변동성 극대화 구간

위기가 임박했다는 주장과 아직은 괜찮은 수준이라는 주장이 팽팽히 맞선다.

(한국의 현 단계)

5단계: 위기 시작 직전 구간

위기가 임박했다는 주장이 급격히 세를 얻으며 분위기가 급변한다.

• 3–5단계는 시장에서 위기 이슈에 대한 논쟁이 전개되는 구간

6단계: 위기 시작 구간

위기를 점화하는 트리거를 당기는 사건이 발생한다.(신흥국의 현 단계)

7단계: 위기 중심부 진입 구간

위기가 급격하게 전개돼서 시스템이 붕괴한다.

8단계: 위기 절정 구간

위기로 인한 시스템 붕괴의 충격으로 시장 참여자들의 공포가 최고점까지 치솟는다.

• 6–8단계는 위기가 발생해서 스트레스가 최고점에 도달하는 구간

9단계: 위기 중심부 후반 구간

위기로 인한 경제 지표 하락이 최저점에 도달한다.

10단계: 위기 탈출 시작 구간

투자 시장에서 반등이 시작된다.

• 9–10단계는 위기로 인한 스트레스가 해소되기 시작하는 구간

기'로 주목하는 것 중에서 미국 주식시장의 대조정 위기 가능성은 3단계이고, 한국의 가계영역발 금융위기 가능성은 4단계 즈음에 도달했다고 판단한다. 이밖에 필자의 연구소가 지속적으로 추적하고

시나리오를 점검하는 몇 가지 위기의 현재(2019년 11월 기준) 위치를 정리하면 아래와 같다.

신흥국 제2차 금융위기: 6단계.

홍콩의 외국자본 이탈로 인한 금융 및 부동산 버블 붕괴 위기: 4단계에서 3단계로 하향.(홍콩 시위 사태가 최악의 시나리오로 전개되면, 중국 금융위기가 앞당겨질 수 있다)

하드 브렉시트 가능성: 4단계에서 3단계로 하향

- 영국이 EU를 탈퇴하더라도 일정한 비용을 내면서 EU 회원국과 비슷한 권리를 갖는 소프트 브렉시트와 대비되는, EU와의 완전한 결별이 하드 브렉시트이다.

미중 무역전쟁의 파국 가능성: 2단계

- 이는 미중 무역전쟁이 극단적 상황으로 치달아서 오일쇼크 수준의 실물경제 대충격이 발생하는 위기로 인해 미국경제 성장률이 0 혹은 마이너스로 떨어지는 위기 가능성을 말함. 이런 최악의 시나리오로 전개되면, 미국 주식시장 대조정, 중국 금융위기, 한국 금융위기 등이 앞당겨질 수 있다.

한일 무역전쟁 격화 위기: 1단계에서 2단계 사이

유럽 금융위기 재발 위기: 1단계

미국과 이란의 전쟁 발발 위기: 1단계

북미 핵협상 완전 결렬 후 극단적 재再대치 위기: 1단계

Q 중국의 위기와 세계 주요국의 위기 가능성에 대해 앞으로 몇 년 동안 긴장해서 모니터링하고 대비책을 마련하는 것이 중요해 보인다. 그러면 앞으로 1년 동안 위기를 일으키는 요인, 혹은 위기를 다음 단계로 악화시키는 요인으로 2020년에 특히 주목해서 보아야 할 점은 무엇일까?

2020년에 놓치지 말아야 할 핵심적인 위기 요소는 3가지다. 바로 부채 증가, 무역 위축(제조업 위기), 그리고 소비 위축이다. 부채 위기는 2008년의 금융위기 이후부터 현재까지 꾸준히 커지고 있다. 이 추세는 바뀌지 않아서 2020년에 부채 위기 가능성은 더욱 커질 것이다. 이렇게 판단하는 이유는 간단하다. 2020년에 중국이나 한국 등 아시아의 국가나 기업들이 경기 침체에 대응해서 버틸 수 있는 방

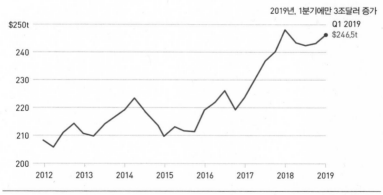

전 세계 부채 규모(246.5조달러)—다시 증가 추세로 전환

2018년 말, 전 세계 비금융 기업 부채 규모(75조달러)—계속 증가 중

출처: Institute of International Finance; Chart: Axios Bisuals.

법은 부채를 늘리는 것 밖에는 없기 때문이다.

2019년 세계경제의 최대 이슈는 무역전쟁으로 인한 제조업 생산
과 투자의 감소였다. 2020년에는 무역전쟁을 주도하는 미국이 대선

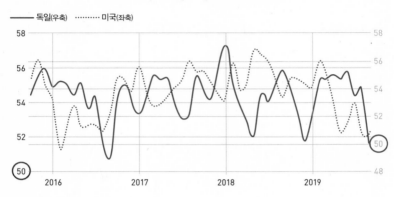

최근, 주요 국가 서비스PMI 비교

구매자관리지수(purchasing managers' index)—50 미만이면 침체

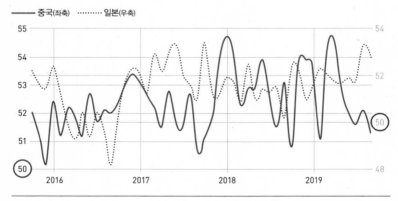

출처: TRADINGECONOMICS.COM

국면에 접어들면서 잠시 소강상태를 유지할 가능성이 크다. 유권자들에게 보여줄 수 있는 구체적인 무역전쟁의 성과를 만드는 것이 중요하기 때문이다. 하지만 상황에 따라서는 트럼프 대통령이 선거에 이용할 목적으로 무역전쟁의 재개라는 카드를 꺼내 전가의 보도처럼 휘두를 가능성도 배제할 수 없기 때문에 잠정적인 합의가 이루어지더라도 긴장은 계속될 것이다.

필자는 소비의 침체가 2020년 한 해를 대표하는 가장 큰 경제 이슈라고 생각한다. 특히 중국과 한국에서 2019년 한 해 동안 제조업 위기를 경고하는 목소리가 가장 컸다면, 2020년에는 소비의 침체, 소비의 위기 등을 알리는 언론 기사와 경제 지표가 두드러질 가능성이 매우 크다.

Q 세계경제에 큰 영향을 미치는 미국의 소비시장은 어떨까? 미국은 여전히 전 세계에서 가장 크고 중요한 소비 시장이다. 미국경제에서 소비는 GDP의 70%를 차지하는 결정적인 요소이다. 이런 미국의 소비시장도 중국이나 한국처럼 침체할 가능성이 큰가?

2020년 미국의 소비시장은 한국이나 중국과는 다르다. 물론 2019년보다는 약화할 가능성이 크지만 2%대 경제성장률은 유지할 수 있을 것이다.

2019년 10월, 소비자 금융정보업체 뱅크레이트bankrate.com의 자체 여론 조사 결과에 따르면 미국 소비자의 69%가 다가오는 경기 침체에 대비한 행동을 시작했다. 44%는 소비를 자제한다고 응답했고, 33%는 저축을 늘리고, 31%는 빚을 상환하고 있다고 대답했다. 하지만 소비심리는 나쁘지 않다. 아래 그림을 보면, 미국의 소비자 신뢰지수는 2019년 후반에 약간 하락했다가 다시 서서히 반등 중이다.

미국의 소비시장을 측정하는 데 자주 사용되는 지표인 레드북지수와 경기낙관지수도 양호한 편이다. 그림을 보면 2019년에 다소 하락하는 추세를 보이지만, 2008년 이후부터 최근까지의 긴 호흡으로 보면 본다면 오히려 과열 상태에서 일시적 진정국면에 접어들었다고 볼 수 있다.

(필자는 이밖에도 주택 착공 및 허가 건수, 기존 주택 판매, 자동차 판매, 비농업 급여, 계속실업수당 청구건수, 주간 신규 실업수당 신청 건수, 취업자 수, 실업자 수, 평균 시간당 수입, 노동 비용, 장기 실업률, 경제활동 참가율, 파

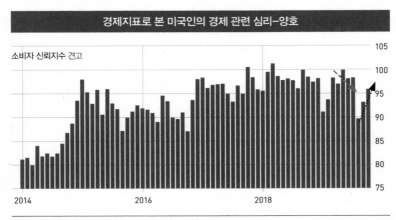

경제지표로 본 미국인의 경제 관련 심리-양호

출처: TRADINGECONOMICS.COM | UNIVERSITY OF MICHIGAN

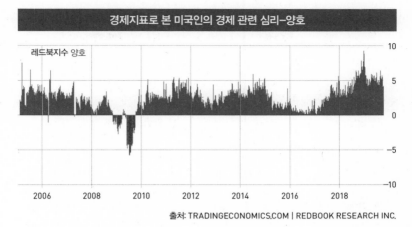

경제지표로 본 미국인의 경제 관련 심리-양호

레드북지수 양호

출처: TRADINGECONOMICS.COM | REDBOOK RESEARCH INC.

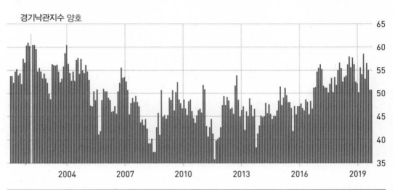

경기낙관지수 양호

출처: TRADINGECONOMICS.COM | TECHNOMETRICA MARKET INTELLIGENCE/
THE INVESTOR'S BUSINESS DAILY.

트타임 고용 및 정규직 고용자 수의 변화, 저숙련자와 고숙련자 임금 추세 등 다양한 소비와 가계 관련 지표를 분석해본 결과 미국의 소비 추세가 나쁘지 않다는 점을 확인했다)

2019년 10월의 미국 실업률은 3.5%로 역사상 가장 낮은 수치를

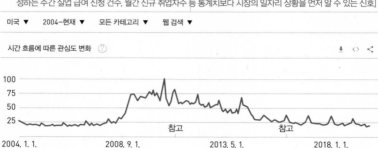

구글 트렌드로 본 미국인의 경제 관련 심리-양호

● unemployment
검색어   + 비교

['unemployment' 검색량의 증가는 미국 근로자들이 실직이 임박할 때 증가하는 경향이 있다. 실직 후 상황을 측정하는 주간 실업 급여 신청 건수, 월간 신규 취업자수 등 통계치보다 시장의 일자리 상황을 먼저 알 수 있는 신호]

미국 ▼   2004-현재 ▼   모든 카테고리 ▼   웹 검색 ▼

시간 흐름에 따른 관심도 변화 ⓘ   🎤 <> ⌵

2004. 1. 1.   2008. 9. 1.   참고   2013. 5. 1.   참고   2018. 1. 1.

출처: 구글 검색 트렌드

기록했다. 일인당 가처분소득도 꾸준히 증가하는 추세다. 구글 트렌드로 본 미국인의 경제 관련 심리도 양호한 것으로 추정된다. 예를 들어 구글에서 '실업$_{unemployment}$'이라는 단어를 검색하면 위의 그림과 같은 추세가 나온다. 미국 근로자들이 바로 눈앞에 실직 위험이 닥쳐온다고 느낄 때가 되면 '실업'이란 단어의 검색량이 증가하는 경향을 보인다. 빅데이터를 중시하는 학자들은 구글에서의 '실업'이라는 단어 검색량 추이가 실직 후 상황을 측정하는 주간 실업수당 신청 건수, 월간 신규 취업자수 등의 통계치보다 시장의 일자리 상황 변화를 먼저 알려주는 지표라고 평가하기도 한다.

다음과 같은 단어나 문장의 구글 검색량 추이를 분석해보아도 미국 소비자들의 경제 심리는 여전히 견고한 편이다.

coupon

I need a job

income more

annual income calculator

recession

bankruptcy

mortgage rate

when is the best time to buy a house

best used car deals

그런데도 많은 사람이 미국경제의 침체 가능성을 걱정하는 데는 최근 언론에서 경기 침체 가능성에 대한 기사가 쏟아져 나와서 일시적으로 움츠러든 영향이 크다.

2020년 미국의 소비 심리 추세에 영향을 줄 가장 중요한 이벤트 중 하나가 바로 대통령선거이다. 미국 대통령선거는 합법적으로 막대한 돈을 뿌리는 정치 행사다. 클린턴과 트럼프가 맞붙은 2016년 미국 대선에 사용된 돈만 24억달러(약 2조 8천억원)였고, 대선과 함께 치른 의회 선거 자금까지 포함하면 65억달러(약 7조 8천억원)이다. 그리고 선거에 이기기 위해 각 당의 대선 주자들은 장밋빛 경제 청사진을 발표하며 사람들의 심리를 자극한다.

여기에 더해 트럼프 대통령은 재선에 성공하기 위해 중산층의 추가 감세나 뉴딜이라 불릴 정도의 대규모 인프라투자안을 발표할 가능성

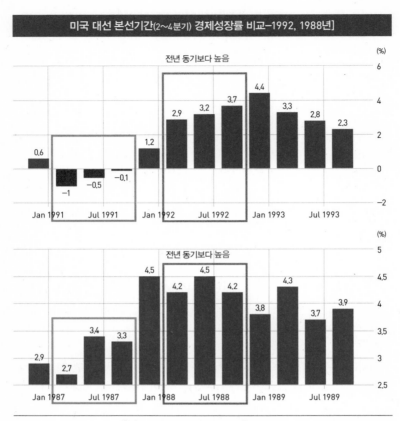

출처: TRADINGECONOMICS.COM | U.S. BUREAU OF ECONOMIC ANALYSIS

도 크다. 이런 이유들로 인해 미국은 대선이 있는 해의 경제성장률이
그 이전 연도보다 좋았던 경우가 많다. 그리고 연준이 기준금리 정책
과 관련해서 매우 중요하게 여기는 인플레이션율도 올랐다.

　필자가 1992년부터 2016년 대선 때까지 미국의 분기별 경제성장
률을 분석한 그림들을 통해서 미국 대선 선거운동의 경제적 효과를

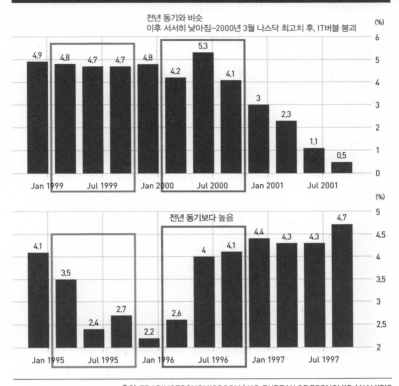

미국 대선 본선기간(2~4분기) 경제성장률 비교-2000, 1996년]

전년 동기와 비슷
이후 서서히 낮아짐-2000년 3월 나스닥 최고치 후, IT버블 붕괴

출처: TRADINGECONOMICS.COM | U.S. BUREAU OF ECONOMIC ANALYSIS

확인할 수 있다. 그림에서 보듯이 부동산 버블 붕괴로 인한 2008년의 금융위기를 제외하면 대부분의 대선 본선 기간(2~4분기)에 미국의 경제성장률은 호전되었다. 2020년 미국 대통령 선거일은 11월 3일이다. 2020년 2월 3일부터 6월 16일까지 민주당 대통령 후보를 뽑는 본경선이 진행된다. 6월 16일에 트럼프 대통령과 경쟁할 민주당 대선주

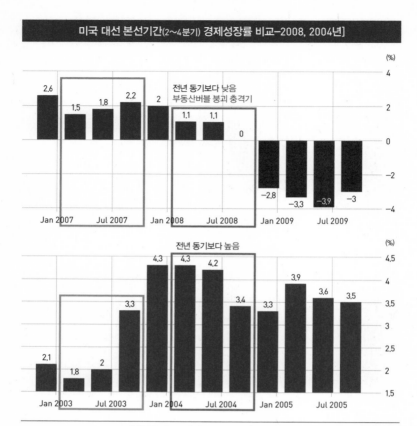

미국 대선 본선기간(2~4분기) 경제성장률 비교-2008, 2004년]

출처: TRADINGECONOMICS.COM | U.S. BUREAU OF ECONOMIC ANALYSIS

자가 결정되면 본격적인 대선 국면이 진행되면서 막대한 돈이 시중에 풀린다. 그에 따라 소비 심리가 호전될 가능성이 크다.

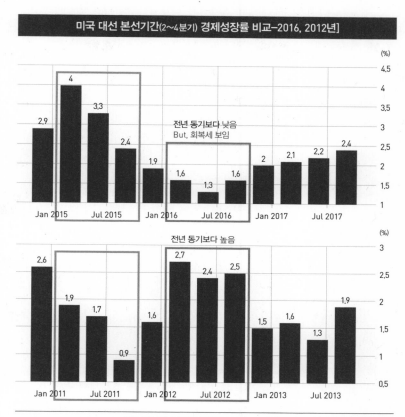

미국 대선 본선기간(2~4분기) 경제성장률 비교-2016, 2012년]

전년 동기보다 낮음
But, 회복세 보임

전년 동기보다 높음

출처: TRADINGECONOMICS.COM | U.S. BUREAU OF ECONOMIC ANALYSIS

Q IMF는 2020년 미국경제성장률을 2.1%로 전망했다. 그런데 앞에서 설명한 2020년 미국 소비시장의 반등 가능성을 고려할 때 미국의 경제성장률이 시장의 예상보다 높아질 가능성도 있는 것 아닌가. 2020년 미국의 경제성장률을 어떻게 예측하고 있는가?

2020년 미국경제 경제를 예측하기 위해서 먼저 긍정적 요소와 부정적 요소를 구분해서 분석해보자.

• **긍정적 요소**

무역전쟁 휴전

미국 대통령 선거 본선

트럼프의 감세 및 인프라투자안 발표 가능성

소비력의 안정

세계경제 성장률 반등

미국과 중국의 제조업PMI 하락 멈춤

소프트 브렉시트 가능성

• **부정적 요소**

중국의 경제성장률 5%대 추락 가능성

EU지역의 경제 침체 지속

중동지역의 갈등 지속

기업부채 증가세 지속

이런 요소를 종합적으로 고려해서 2020년 미국경제에 대해 아래처럼 3가지 시나리오를 만들 수 있다.

시나리오1. 무역전쟁 **휴전**: 경제 성장이 서서히 둔화 (연준, IMF 등이 예측하는 성장률 수준인 **2.1~2.0% 성장**)

시나리오2. **무역전쟁 재개**: 경제 성장의 하락 속도 빨라짐(성장률 **1% 초중반까지 하락**)

시나리오3. 무역전쟁 **휴전과 트럼프의 경제 활성화 정책**: 경제 성장 하락의 일시 정지(2019년과 비슷한 **2% 중반의 성장률**)

이제까지 소개한 주요국의 예측 시나리오를 종합해 보면, 2020년에는 미국경제와 세계경제가 비동기화될 가능성이 크다고 보아야 한다. 즉 2020년에 미국은 상대적으로 선방하고, 유럽과 중국과 한국은 2019년보다 더 나빠질 가능성이 크다.

Q 그렇다면 중국과 한국을 제외한 신흥국은 어떻게 될까? 2019년에 신흥국 중 베트남 등 일부 국가의 경제는 좋은 지표를 보였다. 2008년 금융위기 이후의 달러 순환을 분석하면서 유럽 금융위기 다음으로 신흥국이 금융위기를 겪을 것으로 예측하는 시나리오를 발표했는데 실제로 신흥국에서 금융위기가 발생하기 시작했다. 2020년의 신흥국 경제를 어떻게 예측하는가?

신흥국 경제는 크게 두 가지 유형으로 나눌 수 있다. 석유나 광물 등 자원을 수출하는 국가가 있고, 중간재를 수입해서 조립하여 세계로 수출하는 제조업 1단계 국가가 있다. 베트남은 후자의 유형에 속한다. 2019년 한 해, 베트남 같은 제조업 1단계 국가는 미중 무역전쟁 와중에서 어부지리를 얻었다.

필자는 유럽의 금융위기 다음으로 신흥국의 금융위기 가능성을 예측하면서 신흥국 금융위기는 2단계에 걸쳐서 일어날 것이라고 분석했다. 1단계는 미국과 사우디아라비아 간 석유 전쟁의 여파로 석유나 광물 등 자원을 수출하는 국가에서 일어나고, 2단계로 미국의 기준금리 인상 국면에서 제조업 1단계 국가에서 일어날 가능성을 예측했다.

지금은 1단계에 속한 국가에서 금융위기가 발생하고 있다. 2단계 국가는 미국 연준이 기준금리 인상 사이클을 재개하면 다시 위기에 빠질 가능성이 크다. 필자는 빠르면 2020년 후반부터 미국 연준이 긴축정책을 재개할 가능성이 있다고 예측한다. 2021년에는 기준금리 인상을 다시 시작할 수도 있다. 그럴 경우 빠르면 2020년 말부터 2단계에 속한 신흥국에서 위기가 고조될 가능성이 있다.

Q 미중 경제전쟁에 관심이 쏠리면 신흥국 위기는 놓칠 가능성이 커 보인다. 신흥국 금융위기가 한국과 중국경제에 미칠 영향을 어떻게 평가할 수 있을까?

신흥국 금융위기는 '간접적으로' 한국과 중국의 금융위기 가능성을 높인다. 그래서 필자는 신흥국 금융위기 혹은 외환위기의 방아쇠로 작용할 수 있는 사건이나 힘을 세심하게 모니터링한다. 한국과 중국 금융위기의 향배를 가늠하고, 언제(대응 시점) 무엇(준비 범위)을 할지 판단하기 위한 미래징후future signal로 보기 때문이다.

선진국이든 신흥국이든 공통적으로 '성장의 한계에 부딪친 국가 및 경제사회 시스템'이 금융위기를 폭발시키는 뇌관이 되었다. 이 뇌관에 불을 붙이는 도화선은 언제나 '막대한 부채'였다. (한계에 이른 국가 및 경제 시스템은 필연적으로 막대한 부채라는 부작용을 낳는다)

2008년 미국 금융위기의 도화선은 가계 부채(부동산)였고, 그 이후 그리스의 위기를 일으킨 것은 정부 부채였다. 1997년 한국의 IMF 외환위기를 일으킨 도화선은 상업 영역의 부채였다.

다가오는 한국의 두번째 금융위기는 가계부채가 도화선이 될 것이며, 중국의 위기는 상업 영역의 부채와 가계부채가 될 것이다.

그런데 다이너마이트의 도화선은 저절로 불이 붙지 않는다. 성냥불을 그어야 비로소 뇌관을 향해 타들어 간다. 필자는 다가오는 한국 금융위기의 트리거가 될 수 있는 5개 정도의 주요 사건 가능성을 면밀히 추적 중이다.

• 한국의 국내 요인

부동산 가격의 가파른 하락으로 인한 금융기관의 파산

한국은행의 '급격한' 기준금리 인상

※ 1997년과 같은 대기업의 파산 가능성은 적다고 본다.

• 한국의 외부 요인

미국의 '급격한' 기준금리 인상

미국 주식시장의 대조정

중국의 금융위기

일단 도화선에 불이 붙어 위기가 시작되면 강제적 부채 상환(만기 대출 회수), 이자 지불 불능(재정수지 적자 등으로 인한 달러 부족), 외국 자금 이탈 등의 사건이 연달아 발생하며 부채 위기를 더욱 증폭시킨다. 그렇게 맹렬하게 타 들어가는 불꽃이 마침내 뇌관에 이르면 '쾅' 하고 터진다.

신흥국의 금융위기는 한국의 금융위기를 직접 촉발하는 트리거가 아니라 간접적으로 영향을 주는 변수이다. 하지만 신흥국 금융위기는 한국과 중국의 금융위기 가능성을 높이게 된다. 최악의 경우 신흥국 금융위기 규모가 커지고 오래 지속된다면, 그 자체가 한국이나 중국의 금융위기에 불을 붙이는 트리거로 변할 수도 있다. 신흥국 금융위기 혹은 외환위기의 방아쇠로 작용하는 사건이나 힘이 우리에게 중요한 이유가 여기에 있다.

지난 동아시아 및 신흥국 경제사를 분석해 보면 크게 두 가지 요인이 금융위기의 트리거 역할을 했다. 하나는 미국의 기준금리 인상이고, 다른 하나는 달러와 엔화의 가치 변화다. 특히 1985년 플라자 합의 이후부터 엔화와 달러의 관계(달러-엔 환율)는 미국과 일본은 물론 신흥국의 경제성장이나 금융위기에 큰 영향을 미치는 요소가

되었다.

1985년 플라자 합의 이후 미국은 대일 무역적자가 극적으로 개선되었고, 경제성장률도 반등했다. 반대로 일본은 1년만에 달러당 240엔에서 150엔으로 급격히 엔이 절상되면서(달러-엔화 환율 하락) 수출 경쟁력이 낮아져 무역수지 흑자가 크게 줄었다. 일본은 내수 시장을 확장해서 수출 감소의 충격을 만회하려는 전략을 세웠다. 일본은 기준금리를 내려 신용 확대 정책을 구사했고, 건설경기를 부추겼다. 그에 따라 부동산 가격은 하늘로 치솟았다.

엄청나게 풀린 엔화 자금은 일본 밖으로도 밀려나갔다. 막대하게 풀린 엔화 자금은 미국을 비롯해 각국에서 부동산 가격을 상승시키는 힘으로 작용했다. 여기에 기준금리를 빠르게 인하하면서 달러 유동성을 증가시킨 미국의 달러 자금이 가세했다. 엔화와 달러 자금의 시너지로, 부동산 가격은 더욱 빠르게 상승했다.

버블은 영원히 팽창할 수 없다. 결국 미국에서 1989~1992년에 부동산발 위기가 발발하며 저축대부조합의 연쇄 부도사태가 일어났고, 일본은 1991년을 기점으로 부동산 대폭락이 시작되었다. 일본 경제는 부동산 버블 붕괴로 큰 충격에 빠졌지만 역설적으로 엔화 가치는 계속 강세를 유지했다. 일본과 미국의 경제 충격 여파가 다른 나라까지 강타하자 세계적으로 안전자산에 대한 선호가 증가하면서 엔화에 대한 수요는 줄지 않았다. 반면에 일본과 타국의 금리 차이에서 수익을 취하는 단기투자금(캐리트레이드 자금)이 본국으로 환류하면서 글로벌 외환시장에서 제2기축통화인 엔화의 유통량이 줄자 엔화 가치가 상승했기 때문이다. (2008년 이후, 미국발 글로벌 금융 위기 국면에서 달러화 가치가 상승한 것과 기본 원리는 같다)

미국에서는 저축대부조합 부도사태가 마무리되어가던 1993년, 빌 클린턴 행정부가 들어서며 (부동산 위기 이후 경제 회복 단계에서 발생하는) 인플레이션 기대심리와의 전쟁이 시작되었다. 1994년 2월 당시 연준 의장 앨런 그린스펀은 3%이던 기준금리를 기습적으로 인상하기 시작해서 1995년 2월 6%까지, 불과 1년만에 2배로 올렸다. 채권시장은 대학살이란 탄식이 나올 정도로 무너졌다. 주식시장도 충격을 받았다. 이런 상황에서 1995년 1월 17일 고베 대지진이 발생했다(재산 피해 규모 약 1000억달러의 재해). 이번에도 엔화 가치는 거꾸로 상승(달러-엔 환율 하락)했다. 재해 복구를 위해 엔캐리트레이드 자금이 환류하며 엔화 유동성이 줄고 더불어 제조업 강국인 일본 경제의 충격이 신흥국과 미국 등을 강타할 것이라는 경계심리가 작동한 결과이다. 엔화 가치 상승으로 미국이 수입하는 일본 제품의 가격이 더욱 상승하며 미국 내 인플레이션율은 더 높아지게 되었다. 더욱이 미국의 대일 무역수지 적자 규모도 다시 커졌다.

상황을 타개하기 위해 클린턴 행정부는 특단의 대책을 들고 나왔다. 1985년 플라자 합의 이후 10년만인 1995년 4월 25일 G7 재무장관이 다시 모여 '과도한 달러 약세와 엔화 강세 해결'을 위한 강제 조정안에 합의했다. 미국의 루빈 재무장관은 채권시장 회생을 위해 강달러 정책을 선언했다.

클린턴 행정부가 던진 특단의 대책은 적중했다. 달러 가치가 강세로 전환되자, 미국 수입 물가는 하락하고 아시아 신흥국으로 흘러 들어간 '캐리트레이드(금리 차를 이용한 단기 투자) 자금의 환류'가 시작되면서 미국 채권시장이 빠르게 회복했다. 미국 다우지수도 1997년 7월에 8000까지 올라 1995년 대비 2배 상승했다. 대일 무역 적자도 개선되었다. 그러나 G7의 역사적 합의한이 발표된 지 2년만에 태국을 시작으로 동아시아와 한국은 외환위기의 소용돌이로 빠져들었다.

G7의 공조에 의해 엔화가 절하되고 달러 가치가 강세(달러-엔 환율 상승)로 전환하자 자국 통화가 달러에 페그된 신흥국의 통화는 상대적 강세로 바뀌었다. G7 국가에 의한 인위적인 환율 변경으로 수출경쟁력을 잃게 된 신흥국은 경상수지 적자가 늘어났다. 설상가상으로 미국이 높은 기준금리를 유지하자 미국으로 환류하는 달러캐리트레이드 자금이 증가하고, 그만큼 신흥국의 자본시장과 외환시장에서는 달러 자금이 빠져나갔다. 신흥국은 외국자본의 이탈을 막기 위해 기준금리를 전격적으로 인상할 수밖에 없었다. 그러자 신흥국에 쌓여 있던 부채가 문제가 되기 시작했다. 자국 통화 가치의 과도한 하락을 막기 위해 외환시장에 개입하느라 외환보유액도 점점 바닥을 드러내기 시작했다.

1997년 태국이 가장 먼저 항복해서 달러 페그제를 포기했다. 바트화는 곧바로 17% 폭락했다. 경상수지 적자는 GDP 대비 -7.9%를 기록했다. 견고하다고 평가받던 한국 수출기업도 엔저와 강달러, 미국 기준금리 인상의 충격에 노출되었다. 1993년 달러당 807원이었던 환

달러 페그제

자국 통화 가치를 미국 달러에 고정시켜 환율의 변동을 막는 일종의 고정 환율 제도를 달러 페그제라고 한다. 예를 들어 홍콩의 경우 1미국달러당 7.75~7.85홍콩달러 범위에서 환율을 운용하고 있다. 달러 페그제는 환율 변동에 따른 불확실성을 제거할 수 있어 무역과 외국 자본의 유출입이 원활해지는 장점이 있다. 그러나 페그제는 정해진 환율 수준을 유지하기 위해서 정부가 지속적으로 외환시장에 개입해야 한다. 홍콩을 예로 들면 환율이 1미국달러당 7.85홍콩달러를 넘어 상승하려고 할 경우(홍콩달러 절하) 당국은 환율을 통제하기 위해 홍콩 외환시장에 개입해 미국달러화 공급을 늘려야 한다. 반대로 달러 대비 환율이 7.75 이하로 떨어질 경우(홍콩달러 절상) 홍콩달러를 풀어야 한다. 만약 국가 차원에서 환율 조절에 실패할 경우 큰 경제적 혼란이 생기고, 이 틈을 노린 환투기 세력의 공격에 노출될 수 있다. 이것이 달러 페그제의 치명적 단점이다.

율은 1995년 776원까지 떨어졌다(원화 절상). 1993년 20억달러 흑자였던 경상수지는 원화 강세와 엔화 약세로 1995년 45억달러 적자로 돌아섰다. 1996년 98억달러 적자, 1997년 237억달러 적자로 그 폭이 계속 커졌다. 무역수지 적자가 늘고 외국자본의 이탈이 계속되자 주식시장은 반토막 나고, 채권시장도 무너지고, 외채는 1993년 439억달러에서 1997년 1047억달러로 증가했다. 외환보유액은 IMF 구제금융 신청 직전인 1997년 11월 초 244억 달러까지 감소했다. 수출을 기반으로 일어섰던 한국 기업은 시장상황이 나빠지면서 엄청난 규모의 부채를 이기지 못하고 무너지기 시작했다.

마침내 엔저와 강달러, 미국의 기준금리 인상은 '(한국 상업영역의) 막대한 부채'라는 도화선에 불을 붙였다. 그러자 강제적 부채 상환 (만기 대출 회수), 이자 지불 불능(재정수지 적자 등으로 인한 달러 부족), 외국자금 이탈 등의 사건으로 연달아 불길이 번지며 결국 수명을 다한 '국가 및 경제사회 시스템'이라는 뇌관을 폭발시켰다. 한국의 경제 시스템이 붕괴했다.

이제 우리는 다시 물어야 한다.

"이런 일이 재발하지 않을까?"
"앞으로도 달러와 엔화 가치 변화가 신흥국 위기에 불을 붙이는 트리거일까?"

1990년대 동아시아의 연쇄적인 금융위기가 발생할 때보다는 한국을 비롯한 신흥국의 체력이 많이 좋아졌고 금융시스템도 안정적이다. 그러나 경제와 금융의 큰 흐름은 달라지지 않았다. 여전히 신흥국에서는 금융위기의 뇌관인 '성장의 한계에 이른 국가 및 경제사회 시스템'의 문제가 드러나고 있으며, '막대한 부채'에 발목이 잡혀 있다.

미국 연준이 본격적인 금리 인상을 시작했던 2017~2018년을 돌아보라. 만약 미국이 다시 기준금리 인상 사이클로 돌아선다면 세계경제는 다시 충격을 받고 안전자산인 달러와 엔화의 움직임이 달라질 것이다. 베트남 등 제조업을 기반으로 한 신흥국의 경제상황에도 빨간 불이 켜질 가능성은 충분하다. 경계심을 늦추지 않아야 한다. 시스템이 근본적으로 바뀌지 않는 한 위기의 역사는 반복된다. "지금은 그때와 다르다"고 장담하는 사람들에게 우리는 다시 물어야 한다. "정말 달라졌는가?" "시스템의 근본적인 혁신에 성공했는가?"

Q 미국, 중국, 유럽, 신흥국에 대해 2020년에 주목해야 할 이슈를 구분해서 살펴봤는데, 떨어져 있는 게 아니라 서로 연결되어서 영향을 주고받는 듯하다. 그래서 각 이슈의 연결관계와 상호 영향을 종합적으로 이해하는 것이 중요해 보이는데.

그동안 강의나 책을 통해 '미국과 유럽, 아시아, 한국경제의 미래를 만들어갈 힘과 사건을 정리한 '미래위기지도Futures Timeline Map' 발표했다. '미래위기지도'를 보면 큰 틀의 변화를 한 눈에 파악할 수 있다. 그런데 미래위기지도는 한번 작성한다고 완성되는 것이 아니라, 늘 변화를 추적해서 적정한 시기에 최적화해야 한다. 미래를 한치의 오차도 없이 정확히 예언할 수 있는 사람은 없다. 인간의 미래 예측은 늘 한계를 가질 수밖에 없다. 따라서 새로운 사건이나 변수가 발생하면 미래 지도를 재조정해야 한다. 이를 최적화라 부른다.

필자는 최근 10년 동안 두 차례 미래위기지도를 재조정했다. 한 번은 영국의 EU 탈퇴(브렉시트) 결정의 충격으로 미국 연준이 기준금리 인상 계획을 늦췄을 때였다. 다른 한 번은 트럼프가 무역전쟁을 일으키며 전 세계 경제를 혼란에 빠뜨리자 연준이 기준금리 인상 계획을 한 번 미뤘다가 일시적으로 금리 인하를 단행한 최근이다.

다음 그림은 글로벌 경제 시스템에 왜곡을 가져온 '트럼프 노이즈 noise'를 설명하는 시스템 지도이다. 그림에서 보듯이, 트럼프가 벌이는 무역전쟁으로 인해 제조업이 침체하고, 소비시장이 위축되자 연준은 불가피하게 기준금리 정상화(금리 인상)를 연기했다. 그렇게 저금리 시기가 연장되면서 위험 국가나 위험 기업의 금융 비용 증가 속도도 낮아졌고, 그만큼 금융위기 발발 시점도 늦춰졌다. 금융위기 가능성이 사라지거나 해결된 것이 아니라 늦춰졌다는 게 중요하다. 늦춰진 만큼 중국과 한국을 비롯한 신흥국과 아시아의 잠재적 위기 규모는 커지고 있다. 금리 인상을 지연하는 만큼 통화 및 재정 정책의 효과가 반감되거나 무력화될 부작용도 커지고 있어서 세계경제가 불황에 빠질 가능성과 잠재적 충격의 크기가 커지고 있다.

미국 연준의 정책 행보도 꼬였다. 필자의 분석으로는 2018년 하반기 시점을 기준으로 할 때 연준은 3단계의 계획을 가지고 있었던 것으로 보인다.

1단계: 2020년까지 미국의 경기 회복과 강세를 타고 기준금리를 계속 인상한다.

2단계: 다음 번 경기확장기가 오기 전에 조정기가 발생하면 기준금리를 동결하거나 2~3번 인하한다.

3단계: 다음 경기 확장기에 안착한다.

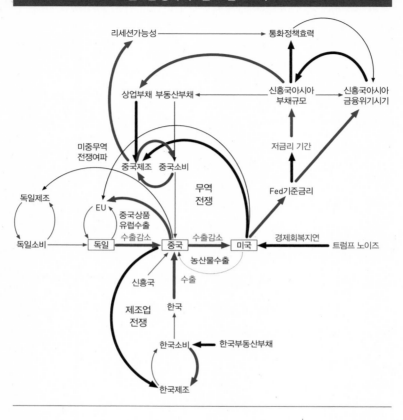

그런데 트럼프 노이즈 때문에 1단계 후반에서 연준의 계획이 궤도를 이탈했다. 현재는 1, 2단계가 복잡하게 뒤얽힌 상황이 되어 버렸다. 그 결과 다가오는 위기의 발발 시점이 지연되었고, 동시에 세계경제의 회복 시점도 같이 지연되고 있다. 이것을 반영해서 미래 위기

지도를 다시 최적화한 것이 50~51쪽의 그림이다.

Q 많은 전문가와 시장 참여자들이 2020년에 연준이 기준금리를 제로 수준까지 다시 내릴 것으로 기대한다. 그런데 미래위기지도를 보면 미국 연준이 1~2년 안에 기준금리 인상을 재개할 가능성을 높게 보는 듯하다. 그렇게 예측하는 이유는 무엇인가? 정말로 2020년에 연준이 다시 제로 금리로 내릴 가능성은 작다고 보는가?

2019년 10월 30일 연준은 기준금리를 0.25%p 인하했다. 2019년 들어 7월과 9월에 이은 세 번째 금리인하다. 그러나 연준은 기준금리의 추가 인하에 대해서는 분명한 반대 의사를 밝혔다. 2019년 12월에는 금리 동결을 결정했다. 정책의 기조를 바꾸어 본격적인 금리 인하 사이클로 전환하는 것이 아니라, 일시적이며 단기적인 보험성 금리 인하라는 점을 분명히 한 것이다.

그럼에도 불구하고 시장은 연준의 기준금리 추가 인하, 나아가 제로금리까지 내리는 파격적이고 대세적인 기준금리 인하 행보를 기대하고 있다.

전혀 불가능한 시나리오는 아니지만 과연 연준이 시장의 기대대로 움직여 줄까? 2019년 10월 30일 연방공개시장위원회ғᴏᴍᴄ 직후 열린 기자회견에서, 제롬 파월 연준 의장은 '현재의 통화정책 기조는 경기 관련 정보가 우리 전망에 부합하는 한 적절히 유지될 것'이라고 했다. 연준이 보는 핵심 경제지표인 실업률, 인플레이션율, 경

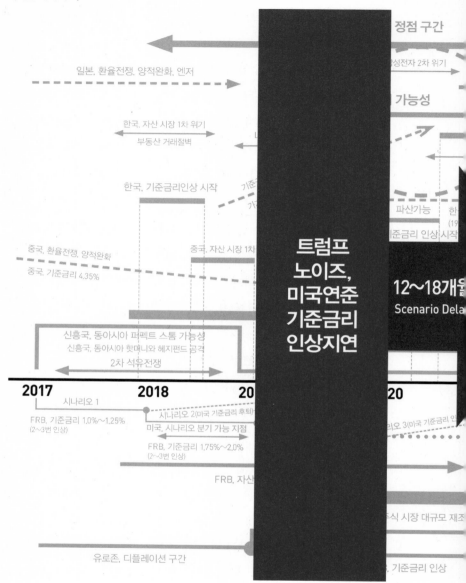

전 세계경제 호황기 진입 구간

전 세계 실물 경제 인플레이션 발생 구간
4차 산업혁명 버블 형성기(신산업 버블)

한국, 위기 극복 기간~2023년

한국, 기준금리 3.25%~5.25%

현대기아차그룹 위기

부머 은퇴 충격 표면화
712만명~총인구 14.6%)

트럼프 노이즈로 연준 스템이 꼬임:
(2018년 하반기 시점 기준으로) 1단계: 2020년까지 미국경기 회복과 강세로 기준금
리 인상 → 2단계: 6~8개월 간, 다음 확장기 전 경기 조정기(기준금리 동결 혹은
2~3회 인하 후) → 3단계: 새로운 경기 확장기로 안착을 예측. ⋯ 트럼프 노이즈로
1단계 후반에서 예상 궤도 이탈, 1,2단계가 복잡하게 얽힌 상황으로 변화됨

위기 사건
지연(delay)

세계 회복
지연(delay)

미중 금융전쟁 가능 구간

신흥국, 동아시아 위기 극복 기간~2025년

| 021 | 2022 | 2023 | 2024 | 2025 |

국경제 버블 확대

FRB, 기준금리 3.0%~지속가능성

미국경제, 베이비부머 은퇴 충격 표면화
(1946~1964년생 7,700만 명: 총인구 30%)

유로존, 회복 기간~2025년

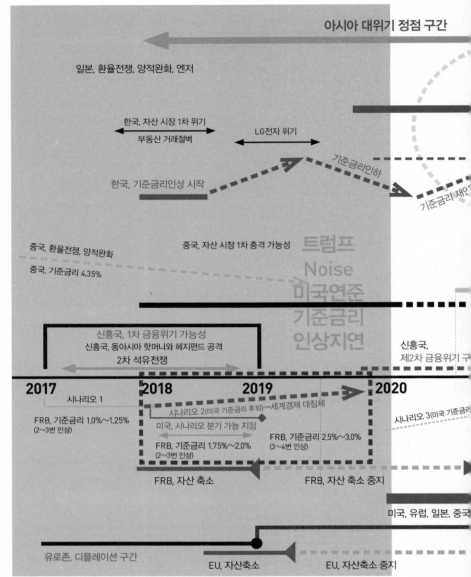

〈수정 시나리오〉

★ FRB, 기준금리인상
시나리오 2로 전환

아시아 대위기 정점 구간

일본, 환율전쟁, 양적완화, 엔저

한국, 자산 시장 1차 위기
부동산 거래절벽

LG전자 위기

한국, 기준금리인상 시작

기준금리인하

기준금리 재인

중국, 환율전쟁, 양적완화

중국, 자산 시장 1차 충격 가능성

중국, 기준금리 4.35%

트럼프
Noise
미국연준
기준금리
인상지연

신흥국, 1차 금융위기 가능성
신흥국, 동아시아 핫머니와 헤지펀드 공격
2차 석유전쟁

신흥국,
제2차 금융위기 구

2017   시나리오 1

FRB, 기준금리 1.0%~1.25%
(2~3번 인상)

2018

2019

2020

시나리오 2(미국 기준금리 후퇴)→세계경제 대침체

미국, 시나리오 분기 가능 지점

시나리오 3(미국 기준금리

FRB, 기준금리 1.75%~2.0%
(2~3번 인상)

FRB, 기준금리 2.5%~3.0%
(3~4번 인상)

FRB, 자산 축소

FRB, 자산 축소 중지

미국, 유럽, 일본, 중국

유로존, 디플레이션 구간

EU, 자산축소

EU, 자산축소 중지

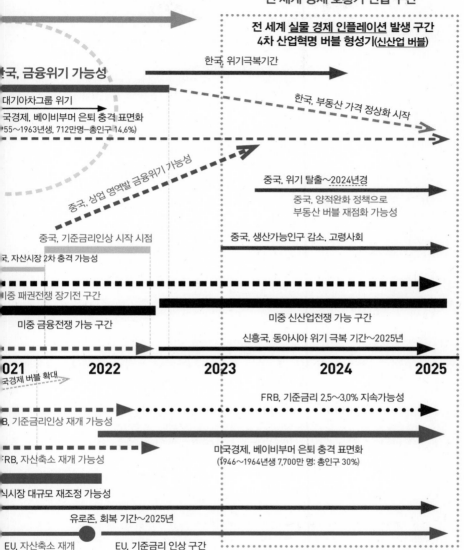

전 세계 경제 호황기 진입 구간

전 세계 실물 경제 인플레이션 발생 구간
4차 산업혁명 버블 형성기(신산업 버블)

한국, 위기극복기간

[한]국, 금융위기 가능성

대기아차그룹 위기

한국, 부동산 가격 정상화 시작

[한]국경제, 베이비부머 은퇴 충격 표면화
[19]55~1963년생, 712만명—총인구 14.6%)

중국, 상업 영역발 금융위기 가능성

중국, 위기 탈출~2024년경

중국, 양적완화 정책으로
부동산 버블 재점화 가능성

중국, 기준금리인상 시작 시점

중국, 생산가능인구 감소, 고령사회

[한]국, 자산시장 2차 충격 가능성

[미]중 패권전쟁 장기전 구간

미중 신산업전쟁 가능 구간

미중 금융전쟁 가능 구간

신흥국, 동아시아 위기 극복 기간~2025년

2021　　　　**2022**　　　　**2023**　　　　**2024**　　　　**2025**

[한]국경제 버블 확대

FRB, 기준금리 2.5~3.0% 지속가능성

[FR]B, 기준금리인상 재개 가능성

[F]RB, 자산축소 재개 가능성

미국경제, 베이비부머 은퇴 충격 표면화
(1946~1964년생 7,700만 명: 총인구 30%)

[주]식시장 대규모 재조정 가능성

유로존, 회복 기간~2025년

EU, 자산축소 재개　　　　EU, 기준금리 인상 구간

제성장률에서 큰 변화가 보이지 않으면 통화 정책을 유지하겠다는 뜻이다. 또한 "작년(2018년)부터 통화정책을 매우 큰 폭으로 조정했다. 시간을 두고 효과를 봐야 한다."[1]고 했다. 시간을 두고 본다는 의미는 당분간 추가 인하도 없고, 재인상도 없다는 뜻이다. 월가는 매파적 금리 인상 행보에 대한 시장의 우려를 해소해 주었다고 호평했다. 연방기금금리 선물 시장은 앞으로 8개월 동안 기준금리가 1.50~1.75%에서 동결될 가능성을 45% 수준으로 예측했다.

또한 파월은 "경제 전망에 실질적 재평가를 유발하는 변수가 생긴다면 통화정책 방향을 바꿀 수 있다"[2]고 했다." 월가에서는 이 말을 기준금리의 추가 인하 가능성을 시사하는 것으로 해석했다. 하지만 필자가 보기에 이 말은 미국경제가 연준이 예상하는 궤도(완만한 성장 곡선)에서 크게 벗어나는 문제가 생겨야 추가 인하하겠다는 원론적 발언에 불과하다.

금리 인상 가능성에 대해서는 이렇게 답변했다. "지금은 인상을 생각하지 않고 있다. 금리를 인상하는 이유는 인플레이션이 상승했거나 크게 상승할 위험이 있기 때문이다. 그러나 지금은 실제 인플레이션은 거의 위험을 찾을 수가 없다. 금리 인상은 매우 큰 폭의 인플레가 지속되어야 한다."[3] 이 모든 말들을 종합하면 연준은 다음과 같은 3가지 가능성을 열어 둔 것으로 보인다.

- 하드 브렉시트나 미중 무역전쟁 위험이 커지면 → 기준금리를 추가 인하한다.

- 하드 브렉시트나 미중 무역전쟁 위험이 줄어들고 + 매우 큰 폭의 인플레이션이 일어나지 않으면 → 금리를 다시 올리지 않는다.
- 하드 브렉시트나 미중 무역전쟁 위험이 줄어들고 + 매우 큰 폭의 인플레이션이 일어나면(실제 인플레이션 위험 발생) → 기준금리 인상을 재개한다.

그런데 2019년 세번째 금리인상 발표에서 특히 눈 여겨 볼 대목이 하나 있다. 바로 '경기 확장세를 유지하기 위해 적절히 행동하겠다'는 문구를 삭제한 점이다. 대신 통화정책 성명서에 '향후 연방기금금리의 적절한 경로를 찾겠다'는 문구를 삽입했다. 단기적으로 연준은 2019년 10월 말 이후로 6~8개월은 기준금리를 동결한 채 경제 상황 변화를 지켜볼 가능성이 크다. 그 이후로는 3가지 시나리오가 가능하다.

- 시나리오1. 2020년 2~4분기 분기별 경제성장률과 인플레이션율이 2019년보다 좋을 경우 → 기준금리 인상을 재개한다. 강한 매파 성향으로 전환.
- 시나리오2. 2020년 2~4분기 분기별 경제성장률과 인플레이션율이 2019년보다 낮을 경우 → 기준금리 인하, 비둘기파 성향으로 전환.
- 시나리오3. 2020년 2~4분기 분기별 경제성장률과 인플레이션율이 2019년과 비슷할 경우 → 기준금리 동결을 지속한다. 추가로 6개월을 지켜본다.

3가지 시나리오 중에서 어느 방향으로 전개될지 결정되는 시나리오 분기점은 2020년 대선 본선 경쟁이 시작되는 6월 이후이다. 연준의 금리에 대한 의사결정을 좌우할 결정적 요인은 미국의 경제 지표다. 종합하면 2020년 2~4분기의 경제 지표가 가장 중요하다고 보아야 한다.

Q 그렇다면 2020년 미국의 경제 지표는 어떻게 움직일 것으로 예측하는가?

먼저 2019년의 미국경제 지표를 살펴보자. 연준이 기준금리를 0.25% 인하하겠다고 발표한 2019년 10월 30일에 미국 상무부는 3분기 경제성장률이 1.9%를 기록했다고 발표했다. 시장 예상치 1.6%보다 높은 수치이며 2분기 성장률 2.0%와 비슷한 수준이다. 그동안의 시장 우려가 지나쳤다는 신호로 읽을 만한 좋은 숫자다.

미중 무역전쟁의 여파로 기업투자가 약화하고, GM의 6주간에 걸친 파업, 7조원의 주문 취소등을 초래한 보잉의 737맥스 결함 사건 등의 악재에도 불구하고 시장 예상치를 뛰어넘는 분기 성장률을 기록했다. 견고한 소비 지출, 수출의 반등, 주택 부문의 경기 개선 덕분이다. 기업들도 선방했다. 애플의 3분기 실적 발표에 따르면 아이폰 판매량은 전년 동기 대비 9% 줄었지만 아이폰 매출은 시장 예상치 324억달러를 넘는 333억달러였다. 애플의 서비스 매출 역시 시장 예상(121억달러)을 넘는 125억달러을 기록하면서 애플의 총매출은

640억달러로 시장 예상치 629억달러보다 많았다. 애플은 컨퍼런스 콜에서 연말 쇼핑철이 포함된 4분기에는 전년 동기보다 매출이 성장할 수 있을 것이라고 밝혔다. 그만큼 2019년 4분기 소비시장 분위기도 나쁘지 않을 것이라는 신호다.

미국의 통화정책에 결정적으로 중요한 시기가 2020년 2~4분기라고 했다. 필자가 이 기간의 경제 지표를 중요하게 여기는 2가지 이유가 있다. 첫번째는 "작년(2018년)부터 통화정책을 매우 큰 폭으로 조정했다. 시간을 두고 효과를 봐야 한다"는 연준 파월 의장의 발언에서 통화정책의 효과를 확인할 수 있는 시기이기 때문이다. 둘째로, 2020년 미국 대선의 본선 기간이기 때문이다. 대체로 미국은 대선 본선 기간의 분기별 경제성장률이 전분기보다 좋았다. 인플레이션율도 상승했다. 이와 연관해서 연준 의장의 다음 발언을 생각해볼 필요가 있다.

"지금은 인상을 생각하지 않고 있다. 금리를 인상하는 이유는 인플레이션이 상승했거나 크게 상승할 위험이 있기 때문이다. 그러나 지금은 실제 인플레이션은 거의 위험을 찾을 수가 없다. 금리 인상은 매우 큰 폭의 인플레이션이 지속되어야 한다"[4]

앞에서 보았듯이 1990년대 이후 대통령 선거 기간에(2008년 부동산 버블 붕괴로 미국경제가 대침체에 빠진 시기를 제외하면) 대부분의 대선 본선 기간(2~4분기)의 분기별 경제성장률이 좋았다. 미국 대선 본

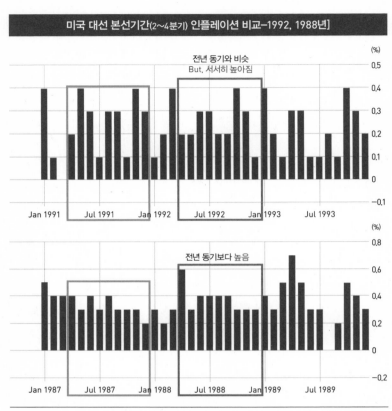

출처: TRADINGECONOMICS.COM | U.S. BUREAU OF LABOR STATISTICS

선이 벌어지는 동안의 인플레이션율은 어땠을까? 연준이 중시하는 인플레이션율 역시 대부분의 기간에 전년 동기보다 높았다. 그림을 통해 이를 확인할 수 있다.

특히 1997년 2월의 기준금리 인상을 주목할 필요가 있다. 1994~1995년에 걸쳐 연준이 빠르게 기준금리를 인상하여 경기 확장세

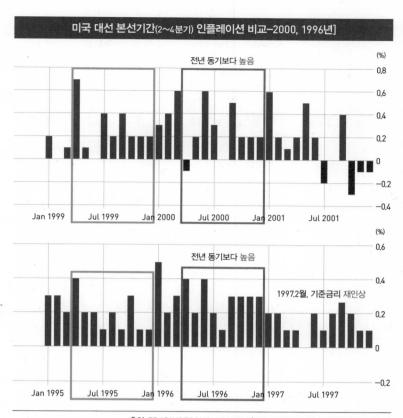

미국 대선 본선기간(2~4분기) 인플레이션 비교-2000, 1996년]

출처: TRADINGECONOMICS.COM | U.S. BUREAU OF LABOR STATISTICS

가 위축되고 장단기 금리가 역전되는 일이 벌어졌다. 그러자 연준은 기준금리 인상을 멈추고 이어서 3번의 기준금리 인하를 단행했다. 2019년의 상황과 매우 비슷하지 않은가.

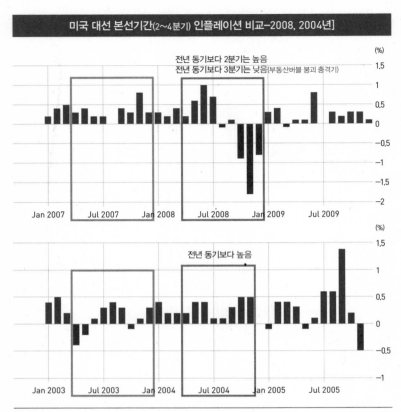

미국 대선 본선기간(2~4분기) 인플레이션 비교-2008, 2004년]

전년 동기보다 2분기는 높음
전년 동기보다 3분기는 낮음(부동산버블 붕괴 충격기)

전년 동기보다 높음

출처: TRADINGECONOMICS.COM | U.S. BUREAU OF LABOR STATISTICS

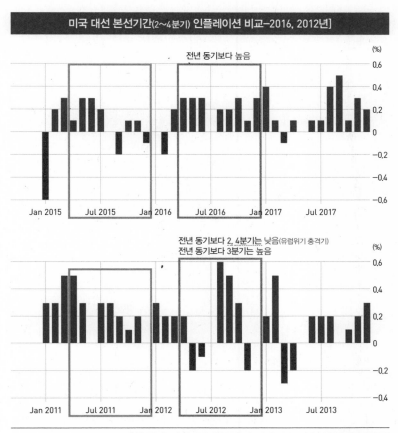

미국 대선 본선기간(2~4분기) 인플레이션 비교-2016, 2012년]

출처: TRADINGECONOMICS.COM | U.S. BUREAU OF LABOR STATISTICS

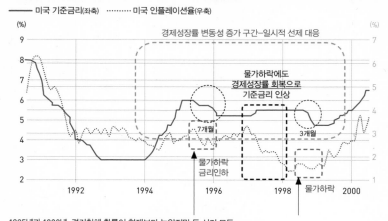

연준 정책환경이 지금과 비슷한 시기

—— 미국 기준금리(좌축) ········ 미국 인플레이션율(우축)

경제성장률 변동성 증가 구간-일시적 선제 대응

물가하락에도 **경제성장률 회복**으로 기준금리 인상

7개월   3개월

물가하락 금리인하

물가하락

1995년과 1999년, 경기침체 확률이 현재보다 높았지만 두 시기 모두
연준이 3~7개월 동안 각각 3차례, 75bp(1bp=0.01%)씩 금리를 낮춰 경기침체를 피했다.
그 후, 경기 확장으로 전환되자 다시 금리인상을 재개했다.

출처: TRADINGECONOMICS.COM

　　대통령 선거가 있었던 1996년에, 그림에서 보았듯, 다시 경제성장률과 함께 인플레이션율도 상승했다. 침체했던 경기가 다시 과열된 것이다. 그러자 연준은 대선 이듬해인 1997년 2월에 기준금리를 다시 인상하기 시작했다.

　　지난 몇 년 동안의 연준 행보를 더 세밀하게 분석하는 과정에서 필자는 연준의 행보를 예측하는 데 중요한 점을 몇 가지 발견했다. 지난 3년 동안 연준이 보인 행보에서 크게 3가지 패턴을 읽을 수 있다.

- 연준은 장기(3년 이상) 기준금리 변동 계획을 발표하지만, 단기적 경

제상황(3~6개월)에 따라 예상점도표를 수시로 변경했다. 예를 들어, 2018년 초 미국과 세계경제의 '견고한rebust' 회복과 성장을 예측하며 강한 매파 기조를 말했지만, 트럼프가 미중 무역전쟁을 강력하게 밀어 붙이자 불과 1년만에 비둘기 기조로 급선회했다. 앞으로 미국경제의 단기적 변화에 따라서 예상점도표는 얼마든지 변경될 가능성이 있다고 보아야 한다. 지금 발표한 예상 점도표는 연준 의원들의 '지금' 생각일 뿐이라고 보아야 한다.

- 연준위원들은 고용과 물가 지표에 특히 집착했다. 이들에게 경제성장률은 부수적 고려 사항인 듯하다.
- 시장을 길들이기 위한 언어를 매우 자주 구사한다.

2019년에 연준은 미국의 고용시장은 과열이 아니고, 미국경제는 좋지만(당분간 미국경제의 심각한 둔화 조짐은 보이지 않지만), 글로벌 경제의 불확실성(미중 무역전쟁, 하드 브렉시트 가능성, 중국 부채 위기 등)이 여전하기 때문에 소비 침체를 막기 위한 선제적 방어가 필요하다는 점을 자주 강조했다. 글로벌 시장의 불확실성으로 기업이 고용과 투자를 보류하고 있기 때문에, 기업 투자 활성화를 유도해 제조업지수와 기대인플레이션율을 상승시킬 수 있도록 기준금리를 일시적으로 인하한다는 방향성을 제시했다.

2020년 연준의 행보를 예측할 때 가장 유사한 참고 사례가 1995년과 1999년이다. 당시는 '전쟁, 부동산 버블 붕괴, 기술 버블 붕괴, 오일쇼크' 등 세계경제에 대충격을 주는 사건이 발생하지 않았다. 1995년은 자연스러운 경기순환사이클 상의 경기 하락으로, 1999년은 아시아 금융위기의 여파로, 미국의 경기 침체 확률이 높아졌을 때였다. 이들 시기에 연준은 각각 3차례에 걸쳐, 75bp(1bp=0.01%)씩 금리를 낮춰 경기 침체를 피한 후 기준금리 인상을 재개했다. 2019~2020년에도 연준은 같은 의사결정 기준을 갖고 정책을 결정할 가능성이 크다.

Q 2019년 들어 단행한 3차례의 금리 인하를 보며, 연준이 결국 기준금리 인하 기조로 크게 정책을 바꿀 수밖에 없을 것이라고 보는 의견이 크게 힘을 얻고 있다. 이 가능성에 대해서는 어떻게 보는가?

미국 장단기 국채 금리의 역전(단기 국채의 금리가 장기 국채의 금리보다 높아지는 현상, 이는 종종 불황의 신호로 해석된다) 현상이 반복되고, 미국 제조업구매자관리지수PMI[5]가 하락하고 있다는 점이 그런 주장의 중요한 근거가 된다. 실제로 역사적 사례를 분석해 보면 미국 장단기 국채의 금리(10년물 vs. 2년물)가 역전된 후 1~2년 내에 제조업PMI가 '대폭 하락'하는 일이 자주 발생했다. 그런데 여기서 한 가지 더 질문해보아야 한다. 장단기 국채 금리의 역전이 제조업PMI의 대폭락을 불러온 원인일까? 그렇지 않다. 2000년대 초반에 일어난 제조업PMI의 대폭락은 닷컴 버블 붕괴로 기업들이 파산한 결과다. 2008~2009년에 발생한 제조업PMI의 대폭락은 부동산 버블 붕괴로 금융위기가 발생하면서 일어난 대규모 기업 파산의 결과다. 앞의 두 차례 사례보다는 약하지만, 2016년에 발생한 제조업PMI의 하락은 달러 강세, 미시시피강 범람, 중국 등 해외 수요의 부진으로 미국경제성장률이 1.6%로 하락하며 발생한 결과다.

장단기 국채 금리의 역전 문제도 현상 이면을 분석해볼 필요가 있다. 물론 미국 경제성장률의 급격한 하락이 발생하기 '직전 국면'과 장단기 국채 금리의 역전이 시기적으로 겹치는 경우가 많다. 이런 이유로 장단기 국채 금리의 역전을 경제 침체의 전조로 보는 견해가 많다.

필자는 장단기 국채 금리 역전 현상이 발생하게 된 진짜 원인이 연준의 '급격한 기준금리 인상'이라고 생각한다. 연준이 빠른 속도로 기준금리를 인상하면서 장단기 국채 금리의 역전이 일어났다. 연준은 경제위기가 발생하면 경기 대침체(혹은 대공황)를 막기 위해 기준금리를 빠르게 인하한다.

그렇다면 연준이 급격하게 기준금리를 인상하는 이유는 무엇일까? 그 이전에 경기 대침체를 막으려고 급하게 기준금리를 인하한 결과로 엄청나게 늘어난 '유동성'이 정상적인 인플레이션율을 넘어 다시 자산시장의 버블을 발생시키는 원인으로 변질되었기 때문이다. 결국 연준이 '급격한 인플레이션율 상승(자산 버블 위험)을 막기 위해' 급하게 기준금리를 인상한다. 이런 패턴은 반복적으로 일어난다. 정리하면 이렇다.

버블 붕괴로 경제위기 발발 → 제조업PMI 대폭락 → 위기를 극복하기 위한 연준의 급격한 기준금리 인하 → 막대한 유동성 공급 → 막대한 유동

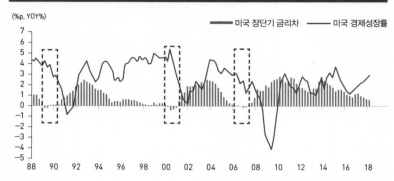

장단기 국채 금리 역전 현상의 원인은 급격한 기준금리 인상

출처: Blomberg, 키움증권 리서치센터.
주: 점선으로 구분된 박스는 과거 세 차례의 장단기 금리 역전 기간을 표시

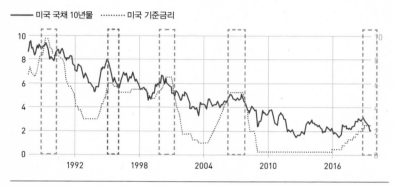

출처: TRADINGECONOMICS.COM

성을 기반으로 한 자산시장 투기 발생 → 자산시장 버블의 급격한 팽창 → 버블을 막기 위한 연준의 급격한 기준금리 인상 → 장단기 국채 금리 역전 → 자산 버블 붕괴를 막지 못해 경제위기 발발 → 연준의 급격한 기준금리 인하. 이런 '순환'이 주기적으로 반복된다.

앞의 그림에서 보듯이, 자산버블 붕괴 혹은 전쟁으로 미국 경제성장률이 대폭락할 경우에 연준은 기준금리를 빠르게 낮춘 후 3~7년 후에나 기준금리 인상을 시작했다. 하지만 경제성장률이 대폭락하지 않고 '단기 조정 국면' 수준의 침체일 경우에는 '일시적(6~12개월)'으로 하락시킨 후 다시 기준금리 인상을 단행했다.

이런 시나리오를 고려할 때 투자에 관련해서 참고할 수 있는 하나의 팁을 생각할 수 있다. 앞으로 일어날 경제 상황이 자산 버블 붕괴 혹은 전쟁으로 인해 발생하는 미국경제의 대위기 국면이 '아직' 아니라면, 혹은 당분간 제조업PMI의 대폭 하락(35 이하로 하락, 50이 낙관과 비관을 가르는 기준점이다)하는 심각한 불황이 아니라면, 2019년 연준이 취한 세 번의 기준금리 인하는 '단기적 조정'을 목표로 했을 가능성이 크다. 단기적 조정이 맞다면 6~12개월 후에는 다시 기준금리 인상으로 복귀하고, 그에 따라 장기 국채 금리도 재상승할 가능성이 있다.

물론 기준금리 인하가 장기적 추세로 전환되는 시나리오도 가능하다. 필자는 이 시나리오가 현실화할 조건은 2가지가 있다고 본다. 미국과 이란이 전면적 군사 전쟁을 벌일 경우와 (필자의 예측보다 빨리) 중국에서 금융위기가 발발하는 경우다.

이러한 큰 충격이 발생할 가능성이 낮다고 보면, 2019년의 기준금리 인하 행보는 파월 의장의 말처럼 장기적인 인하 사이클로의 대세적 방향 전환이라고 보기 어렵다. 오히려 경기 확장 추세를 유지하는데 불안 요소로 작용하는 일시적 불확실성에 선제적으로 대비하기

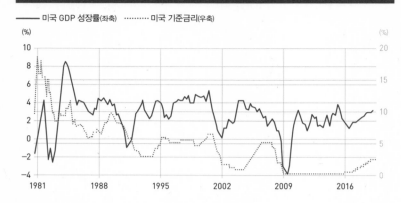

GDP 성장률 하락과 기준금리 변동의 연관성

—— 미국 GDP 성장률(좌축) ········ 미국 기준금리(우축)

[장단기 금리차 역전 → 경제 대위기 발발 → PMI 지수 대폭 하락 → 기준금리 인하 → 장단기 금리차 역전 해소 → 기준금리 인상 → 장기채 금리 상승]

—— 미국 GDP 성장률(좌축) ········ 미국 기준금리(우축)

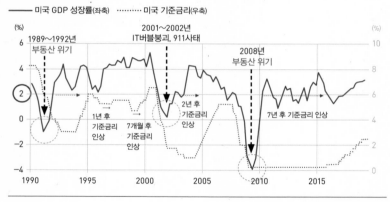

출처: TRADINGECONOMICS.COM

위한 '정책 중간 조정mid-cycle adjustment'으로 '보험성 인하insurance cut'일 가능성이 훨씬 크다고 보아야 한다. 2019년에 파월 의장이 했던 발언을 다시 읽어보자.

"금리 인하는 일시적인 조치이며, 반드시 장기간의 금리 인하를 예고하는 것은 아니다"

"(경기 침체에 대응하기 위한) 장기적 인하 사이클은 아니다"

"인플레이션도 약 2% 수준으로 복귀할 것으로 예상한다"

"추가 금리 인하 여부는 앞으로의 경기 전망과 위험에 달렸다"

중국에서 금융위기가 발발하거나 중동에서 미국이 전쟁을 벌이지 않는 한 연준이 단기간에 제로 수준까지 기준금리를 내릴 가능성은 아주 작다. 따라서 예상하지 못한 불확실성의 근원인, 무역전쟁을 밀어붙이는 트럼프의 돌출행동 때문에 꼬인 연준의 통화정책 행보를 바로잡기 위해 연준이 언제 기준금리 재인상을 시작할지를 먼저 계산해 보는 것이 현명하다. 연준이 다시 기준금리 인상 방향으로 정책을 전환할 조건을 만들 3가지 변수를 잘 살펴보아야 한다.

- 미중 무역전쟁의 1차협상이 타결되어 잠정적인 휴전 상태로 전환하고
- 2020년 재선을 위해 트럼프 대통령이 '추가 감세, 대규모 인프라투자안 발표' 등의 경기부양을 위한 행동에 나서며
- 미국경제가 6~18개월의 '자연적 하방 조정'을 마친 후에 다시 호황 국면에 진입하기 시작하는 흐름.

Q 가장 가능성이 큰 예측 시나리오대로 간다면, 즉 미국경제가 연준이 기준금리 재인상을 고려할 만큼 좋아진다면 트럼프의 재선 가능성도 그

만큼 높아지는 것 아닌가?

　미국경제가 활활 타오르는 호황까지 가지 않더라도, 현재 수준을 유지하기만 해도 트럼프 대통령의 재선 가능성은 높다고 본다. 신용평가사 무디스의 선거 예측 모델은 1980년대부터, 2016년 트럼프의 당선을 제외하면, 모든 대선 결과를 맞추는 데 성공할 정도로 신뢰도가 높다. 이 예측 모델은 미국 소비자 지갑만 고려한다면 트럼프 대통령이 선거인단 중 351명, 주식시장만 고려하면 289명, 실업률만 적용하면 332명을 확보할 것으로 평가했다. 미국 대선에서는 전체 선거인단 538명 중 270석 이상을 확보하면 당선된다. 이들 3가지 요인과 평균 투표율을 종합하면 트럼프 대통령이 총 324석을 얻어 민주당 후보의 214석을 앞지를 것으로 전망했다.

　필자의 예측도 이와 비슷하다. 트럼프가 '지지층에 유리한' 경제 성과(경제성장률, 주가, 고용률)를 내고, '지지층이 원하는' 강한 미국의 자존심을 살려주는 데 성공하면 2020년 선거에서도 승리할 가능성이 크다.

　필자는 2020년 대통령 선거에서 최대 승부처는 플로리다 주와 유대인 표라고 생각한다. 트럼프가 재선 출정식을 플로리다에서 한 것은 철저히 계산된 행보다. 플로리다 주의 선거인단은 29명으로, 규모에서 뉴욕 주와 함께 공동 3위다. 플로리다 주는 전통적으로 대선의 풍향계 역할을 했다. 1964년 이후 플로리다주를 차지한 후보가 모두 백악관에 입성했다. 2016년 선거에서도 트럼프 선거캠프는 미국을

9개 권역으로 나눠서 선거운동을 진행했는데, 플로리다 주만 단독 권역으로 지정했다.

트럼프가 친유대 정책을 과감하게 시행하는 것도 즉흥적인 것이 아니라 고도의 전략에 따른 것이다. 필자는 트럼프 대통령의 재선 가능성을 60%로 본다. 트럼프 재선 성공 가능성을 높이는 요소를 간단히 정리해 보면 다음과 같다.

먼저 트럼프가 지난 2년간 보인 독단적이고 즉흥적인 것처럼 보이는 정책이 미국경제에 '큰 해를 입히지 않았다'는 사실이 확인되었다. 오히려 반대자의 비난과 우려를 무색케 하는 결과가 가시화되고 있다. 트럼프의 전략에 의해 북핵 문제와 대 중국 무역전쟁 등에서 일정한 성과가 창출되고 있다. '트럼프는 미치광이' 프레임을 사용하기 어려워졌다. 2020년 선거에서 민주당이 트럼프를 공격할 강력한 카드 하나를 잃어버린 셈이다. 우크라이나 사태로 새로운 문제가 불거졌지만 러시아와 내통했다는 반역죄 족쇄도 벗어났다.

Q 트럼프에 대한 미국 내의 들끓는 비판 여론에도 불구하고 재선 가능성이 크다고 예측하는 정치적 근거를 구체적으로 설명해달라.

현재의 탄핵 정국은 양날의 검이다. 겉으로는 트럼프가 정치적 곤경에 빠진 것처럼 보인다. 그러나 탄핵 정국은 거꾸로 민주당에게 불리하고 트럼프에게 유리할 수 있다. 민주당이 트럼프를 공격할수록 트럼프 지지층의 분노가 커지며 결집하는 효과가 발생한다. 민주당의 경합주_{swing state} 의원들은 탄핵에 적극 참여하지 않고 있다. 경합주에서 트럼프의 영향력을 무시할 수 없기 때문이다. 트럼프 선거캠프도 탄핵 공세를 일찍 맞는 게 낫다고 계산하고 있다. 2020년에 임기가 끝나는 공화당 의원 22명, 민주당 의원 9명의 지역구에서도 대선과 함께 의회 선거가 치러진다. 2020년 의회 선거를 통해서 자칫 민주당이 상원 다수당이 될 수도 있다. 원래 민주당 지도부는 상원까지 다수당 지위를 확보한 다음에 탄핵을 추진하겠다는 전략이었다. 하지만 우크라이나 스캔들을 맞아 예상보다 일찍 탄핵 공세를 시작하게 되었다. 이번에 탄핵 투표를 강행하면 다음에 탄핵 카드를 다시 사용하기 힘들어진다. 트럼프는 탄핵 정국을 잘 넘기고 2020년 선거에서 재선에 성공하면 큰 정치적 부담을 하나를 덜게 되는 셈이다.

트럼프의 막강한 화력도 눈 여겨 보아야 한다. 트윗, 언론과 지지층을 향한 강성 발언과 엄청난 활동 에너지는 트럼프의 뚜렷한 강점이다. 2016년 대선 본선에서도 힐러리보다 2배 많은 유세장을 돌아다녔다. 민주당 유력 주자의 고령화로 인해 2020 선거에서도 후보의 활동 에너지는 중요한 비교포인트가 될 것이다. 선거 유세에서도 트럼프 진영은 민주당보다 효율적인 선거 전략을 구사할 것이다. 일명 갈라치기 전략이다. 버릴 지역은 확실히 버리고, 경합주 공략과 지지층 결집에 집중하는 전략이므로 선거 효율성을 높일 수 있다. 트럼프 선거캠프는 2016년 선거운동에서 1000만 명의 유권자에 대해 일대일 접촉을 했지만, 2020년 선거에서는 5000만 명의 유권자 직접 접촉을 목표로 한다. 2018년의 중간선거에서 트럼프 진영은 지지층의 견고함과 결집력에서의 우위도 확인했다. 공화당 내 중진 의원들의 지지도 확보했다. 2016년 선거 운동 기간에는 공화당 중진들이 비협조적이어서 전국 조직 운영에 어려움을 겪었지만, 그 사이 보수층의 절대적 지지를 확보하는 데 성공한 재선캠프는 공화당의 전국 조직을 모두 이용하고 있다.

대조적으로 민주당은 자기 텃밭도 지켜야 하고 트럼프 진영도 공략해야 한다. 성을 무너뜨리려면 수성하는 진영의 10배가 넘는 화력이 필요하다고 했다. 하지만 현재까지 물망에 오른 민주당의 대선 후보들은 모두 트럼프보다 활동 에너지가 부족하고 말word과 선거 자금 등에서도 화력이 약하다.

현직 대통령의 프리미엄도 크다. 미국인들은 큰 문제가 없으면 대통령을 바꾸는 것이 더 위험하고 불확실성이 크다고 생각한다. 1980년 이후 미국에서 현직 대통령이 재선에 실패한 경우는 조지 H. W. 부시(1992년) 한 명뿐이다. 현직 대통령으로서 가진 막강한 백악관 권력도 활용할 수 있다. 예를 들어 접전 지역에 대해서 선거 판도를 자신에게 유리하게 이끌 수 있는 행정명령을 시행할 수 있다. 언론 노출에서도 현직 대통령이 우위에 있다. 조기 선거운동도 가능하다. 트럼프 캠프는 유리한 고지를 선점하기 위해 2019년 11월 현재 선거비용으로 8300만달러 넘게 지출했다. 트럼프 대통령은 이미 취임 초기부터 재선을 차근차근 준비해왔다.

후원금 모금 상황도 트럼프에 청신호다. 2019년 1분기에만 3000만달러 넘는 후원금을 확보했는데 그 중 99%는 200달러 미만의 소액 후원자였다.[6] 공화당전국위원회도 같은 기간 4580만달러라는 기록적 모금액을 확보했다. 같은 기간 민주당의 유력 후보인 샌더스는 1800만달러를 모았고, 2012년 오바마는 재선 준비를 위해 같은 기간 200만달러를 모금했었다. 우크라이나 스캔들로 탄핵 정국이 전개되는 데 아랑곳하지 않고, 2019년 10월 29일 트럼프 호텔에서 개최된 '2020년 하원 탈환' 비공개 만찬 모금에서 트럼프와의 한끼 식사비로 4100만원을 내고 모여든 큰손이 315명이나 되었다. 이날 트럼프가 모은 선거자금은 1300만달러(한화 152억원)였다. 트럼프가 2019년 1~3분기에 모은 선거자금은 3억 800만달러로 오바마의 같은 기간

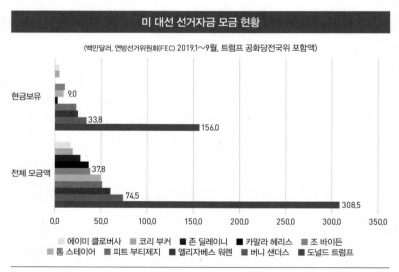

미 대선 선거자금 모금 현황

(백만달러, 연방선거위원회(FEC) 2019.1~9월, 트럼프 공화당전국위 포함액)

현금보유
9.0
33.8
156.0

전체 모금액
37.8
74.5
308.5

0.0　50.0　100.0　150.0　200.0　250.0　300.0　350.0

에이미 클로버샤　코리 부커　존 딜레이니　카말라 해리스　조 바이든
톰 스테이어　피트 부티제지　엘리자베스 워렌　버니 샌더스　도널드 트럼프

출처: 중앙일보, 2019.10.31. [미국 대선기획 下]

재선 모금액의 2배나 된다. 미국 대선에서는 선거 자금이 많을수록, 지지층이 결집한다는 신호이며, 홍보 전략에서 우위를 점할 가능성이 커진다.

무엇보다도 트럼프 재선 가능성을 높이는 가장 큰 힘은 경제 성과다. 트럼프는 재임기간 내내 연 3%대 경제성장률을 기록하고 낮은 실업률, 임금 상승, 강한 소비심리가 유지되며 좋은 경제 분위기를 만드는 데 성공했다. 미 유권자의 경제 심리도 취임 이후 계속 상승하고 있다. 실업률은 역사상 최저치다. 주식시장도 역사적 고점을 경신 중이다. 캐나다, 멕시코, 중국 등과 벌이는 무역전쟁에서도 성과가 나타나고 있다.

미중 무역전쟁은 특히 트럼프에게 유리하다. 데이비드 오토 메사추세츠공대 교수, 데이비드 돈 쥐리히대 교수, 고든 핸슨 UC샌디에이고대 교수 등은 2000년 조지 W. 부시의 득표율과 2016년 트럼프의 득표율을 지역별로 비교했다. 이들은 논문에서 지역별로 중국산 수입품의 시장침투율이 1%포인트 늘어날 때마다 트럼프가 부시보다 2%포인트의 표를 더 얻었다는 조사 결과를 발표했다. 그리고 "대선(2016년)에서 경합주였던 노스캐롤라이나, 펜실베이니아, 뉴햄프셔, 위스콘신, 미시간 등이 중국 수입품의 영향을 크게 받은 지역"[7]이라고 했다. 그만큼 중국과의 무역전쟁에서 성과가 날수록 트럼프가 유리해진다는 의미이다.

2020년 대선에서도 샤이 트럼프 지지층이 존재할 가능성 크다. 민주당 대선주자와 트럼프 둘 중 누구를 뽑겠느냐고 묻는 여론조사에서는 트럼프가 모두 뒤지지만, '트럼프가 재선에 성공할 것인가'라고 질문을 바꾸면 과반 이상이 '그렇다'고 대답한다.

친 이스라엘 정책, 낙태 반대 등의 보수적 정책, 공립학교 성경 수업 지지, 금융 제재 완화 등의 정책을 통해 유대인, 보수 기독교, 월가 표심을 잡기 위한 계산된 행보도 대선에 유리하게 작용할 것이다. 미국 복음주의 진영 내에서는 트럼프 대통령을 구약성경에 등장하는 바빌로니아(유대 멸망시킴)를 무너뜨린 페르시아(바사) 초대 왕 고레스(Cyrus, 키루스. 대하 36:22-23, 스 1:1-2)에 비유하는 분위기가 있다. 페르시아 왕 고레스는 이교도이지만 하나님의 뜻에 따라 이스라엘 포로들을 해방시키고 예루살렘에 성전을 짓게 도와준 왕이다. 복음주의자들은 '흠이 많은' 트럼프 대통령이지만, 고레스가 그랬듯이 신의 뜻에 따라 미국사회를 바꿔줄 인물이라고 믿는 분위기다.

지지층으로부터의 신뢰 획득은 트럼프가 곤경에서 벗어나고 재선에 성공할 결정적 기반이다. 트럼프 대통령은 재선 출정식에서 "미국을 계속 위대하게Keep America Great"와 "공약은 반드시 지켰다Promises Made, Promises Kept" 두 가지 슬로건을 내걸었다. 지지자들에게 트럼프 대통령은 대규모 불법 이민으로 인한 일자리 감소, 임금 하락, 세금 증대 등의 문제를 해결하기 위한 반 이민 정책을 실행하고, 제조업 부흥과 일자리 증대를 위해 무역전쟁을 수행하며, 보수 인사를 대법관으로 임명하는 등 핵심 공약을 충실하게 지킨 믿을 만한 정치인이다. 대외 정책에서도 '오바마와 비교'되는 강성 이미지로 보수층의 지지를 유지하는 데 유리하다.

여기에 더해 미중 무역전쟁의 1차 협상을 타결한 뒤에 '미국판 마샬 플랜' 수준의 대규모 인프라투자안 발표를 계획 중이라고 한다. 이는 트럼프의 재선 승리에 강력한 추진력을 제공할 가능성이 크다.

트럼프 진영과 대조적으로 민주당은 사회주의 프레임에 발목이 잡힐 위험이 증가하고 있다. 민주당은 20여 명의 후보가 난립한 상태다. 민주당 내 경선에서 서로 치고 받는 동안 대선 후보들의 약점이 노출된다. 반대로 트럼프 지지층은 견고하다는 점을 감안하면 민주당 대선 후보들은 현재 지지율이 최고점일 가능성이 크다. 바이든은 우크라이나 스캔들로 도덕성에 흠집이 났고, 샌더스는 건강 문제를 안고 있다. 유력 주자로 떠오른 워렌은 월가 개혁, 대기업 증세, 구글과 페이스북 등 거대 IT기업의 해체, 부유세 도입, 전국민 의료보험 도입 등 강한 사회주의 정책을 주장하여 월가와 대기업은커녕 중도층과 무당층으로부터도 지지를 확보하는 데 어려움이 있다. 주식시장도 트럼프의 재선보다 워렌의 승리를 더 위험한 요인으로 여긴다. 벌써부터 월가에서 민주당을 지지했던 이들이 엘리자베스 워렌 상원의원이 민주당 대선 후보로 뽑히면 기부를 철회하거나 차라리 트럼프 지지로 돌아설 것이라고 경고하고 있다.

급진 좌파 정책을 내세우는 워렌은 민주당내 좌파의 지지는 얻을 수 있겠지만, 중도파나 공화당 지지층을 흡수할 확장성은 거의 없다. 5,000만달러~10억달러 자산에는 2%, 10억달러 이상에는 3%의 세금을 매기겠다는 정책을 주장하는 워렌에게 월가의 반발이 클 수밖에 없다. 워렌 의원이 모든 국민에게 의료보험 서비스를 제공하는 방안을 실제로 통과시킨다면 보험회사는 생존에 타격을 받는다. 대기업도 돌아설 가능성이 크다. 주식시장을 바라보는 중산층도 돌아설 수 있다. 뉴욕 증시를 지탱해온 대형주, 기술주, 은행주, 헬스케어주가 모두 타격을 받을 가능성이 크기 때문이다.

Q 트럼프의 탄핵 가능성은 어떤가? 하원을 장악한 민주당이 거세게 밀어붙이고 있다.

트럼프가 도덕적 부끄러움을 느끼고 스스로 하야할 가능성은 거의 없다. 탄핵될 가능성도 작다. 물론 민주당이 하원을 장악하고 있어서 탄핵소추안이 하원을 통과하기는 어렵지 않다. 그러나 상원 투표에서 2/3를 얻어야 하는데 상원은 공화당이 과반을 차지하고 있어 탄핵은 불가능하다. 만약 공화당 상원의원 중에서 반란표가 나오면 그들은 다음 번 의원선거에서 낙선을 각오해야 한다. 그들에게 트럼프 지지층의 분노가 집중될 것이기 때문이다. 이런 위험을 무릅쓰고 트럼프에게 반기를 들 공화당 의원들은 거의 없다.

트럼프의 성향도 고려할 변수이다. 트럼프는 아주 공격적이다. 일반 정치인과는 도덕적 기준이 다르다. 우크라이나 스캔들로 자신의 개인변호사인 줄리아니의 측근들이 기소되자, 곧바로 "난 모르는 사람들"이라며 거리두기에 들어갔다. 그들과 함께 찍은 사진이 나오자, 자신은 유명인이어서 모든 이들과 사진을 찍는다고 잡아뗐다. 우크라이나 대통령과 전화 통화를 할 때도 심증은 가지만 법적인 증거로

삼기 어려운 수준의 대화를 했다. 자기 통화를 듣고 있는 사람이 있으며, 그들 중 누구도 믿으면 안된다고 생각한 트럼프는 빠져나갈 구멍을 다 마련해 놓고 대화를 했다. 곧바로 통화 녹취록을 공개하며 반격을 한 이유이다. 존 볼턴 등 측근이 의회 청문회에서 증언을 하는 것이 변수지만, 그 어떤 충격적인 증언이 나와도 트럼프는 부인하면서 반격할 가능성이 크다. 따라서 직접 가담한 물증이 나오지 않는 한 정치적 공방만 커질 뿐이다. 트럼프는 민주당이 공격을 가할수록 더 크게 맞받아치며 민주당에 대한 지지층의 분노를 끌어올리는 재료로 이용할 것이다. 결코 물러서지 않는 트럼프의 성향을 고려할 때 상처를 입기는 하겠지만 탄핵 정국을 스스로 헤쳐 나올 가능성이 크다.

트럼프는 젊은 시절부터 야망이 컸다. 경쟁심이 강하고 의욕적이며 이기려는 본능이 강하다. 자신이 사람들에게 성공한 사람, 나아가 영웅으로 보이길 원한다.

탄핵 정국과 관련해서 트럼프의 성격 중에서 특히 눈여겨볼 점이 하나 있다. 트럼프는 누군가가 자신을 궁지에 몰아세우면 반드시 그 상대를 공격했다. 트럼프는 세상을 이분법적으로 생각한다. 흑과 백, 적과 동지, 포식자와 피식자. 트럼프는 두 종류의 사람을 공격했다. 약한 사람과 자신을 공격하는 사람. 약한 사람의 약점을 이용해서 상대를 공격하고, 자신을 공격하는 사람을 몇 배 더 강하게 공격했다. 트럼프는 젊은 시절 5대 마피아 대부를 변호하며 악명을 떨쳤던 로이 콘이라는 변호사를 자신의 변호사로 선임한 적이 있다. 트럼프는 로이 콘을 자신의 '무기'라고 말하고 다녔다. 대통령이 된 지금도 트럼프는 존 볼턴, 줄리아니 등을 자기의 무기라고 여길 것이다.

트럼프는 지는 것을 아주 싫어한다. 트럼프타워가 초호화 빌딩이고 부자가 사는 아파트라며 뉴욕 시가 약속했던 7400만달러의 세금 감면을 거부하자, 뉴욕 시와 소송을 해서 집요하게 물고늘어진 끝에 결국 이겼다. 언론도 잘 이용했다. 트럼프타워가 자신이 지은 유일한 건물이었음에도 언론을 움직여 자신을 최고의 부동산 개발자로 부각하는 데 성공했다.

한 가지 더. 트럼프는 경기가 곤두박질치면 대규모 개발을 추진할 사람을 찾는다는 것을 경험으로 배웠다. 미중 무역전쟁을 혼란으로 만들어 미국 경기가 하락하면 연준이 금리를 내릴 수밖에 없다는 점도 잘 알고 있었을 가능성이 크다. 세계에서 가장 많은 정보를 들여다볼 수 있는 백악관에서 중국의 속사정을 훤히 들여다보고 있기 때문에 중국을 협박하여 밀어붙이면 천하의 시진핑도 결국은 물러설 수밖에 없다는 점을 계산하고 있을 것이다. 비슷한 맥락에서 2020년에도 선거 고비 때마다 중국을 비롯한 다른 나라와의 무역전쟁 카드를 흔들어 댈 가능성이 크다.

트럼프는 1990년에 첫번째 부인과 이혼하고, 언론이 35억달러에 달하는 그의 엄청난 빚을 지적하고, 투자자들이 소송을 하는 위기에 봉착했을 때도 발 빠르게 대처했다. 언론에 나와 트럼프 그룹의 재정 문제를 지적했던 부동산 전문가 에이브러햄 월락에게 2억 5천만달러 규모의 소송을 제기하며 협박하여 입을 막는 한편 자기 회사에 들어올 것을 회유했다. 동시에 나쁜 평판을 역이용해서 돈을 벌 궁리도 했다. 트럼프는 첫째 부인인 이바나를 고소했다. 이를 고리로 해서 자신에게 유리한 내용을 자기에게 우호적인 언론을 이용해서 널리 퍼뜨렸다. 회사가 거의 무너져 가는 상황에서도 트럼프는 은행이 자기를 절대로 버리지 못할 것임을 잘 알았다. 이런 사건을 거치면서 그는 어떤 나쁜 짓을 해도 빠져나갈 수 있다는 것을 배운 듯하다. 이것이 트럼프식 협상의 기술이자 일하는 스타일이다.

Q 미국과 이란의 충돌 가능성이 미국의 경제나 통화 정책에도 충격을 줄 돌발 변수라고 했다. 이제까지의 분석을 고려할 때 선거를 앞둔 트럼프의 미국이 이란과 전격적인 전쟁을 벌일 가능성은 높지 않을 듯하다. 그러나 중동은 워낙 여러 문제가 복잡하게 얽히고설킨, 말 그대로 화약고 같은 지역이라 뜻밖의 시나리오도 전혀 배제할 수 없지 않나? 미국의 대 이란 관계를 볼 때 중요한 변수는 무엇이 있을까?

미국이 이란과의 핵 합의를 깨고 경제 제재를 강화하자 이란 정부가 강경 대응을 하며 중동에서 군사적 긴장감이 높아지고 있다. 2020년 재선을 앞둔 트럼프 대통령으로서는 지지층을 결집하기 위해 미국의 자존심을 부각하기 위한 특유의 압박 전술을 유지할 가능성이 크다. 따라서 이란과의 강경 대치 전선은 계속 유지될 것이다. 중동에서 긴장이 고조되면, 세계가 이란과 미국의 군사 전쟁 발발 가능성에 집중할 수밖에 없다.

트럼프의 미국과 이란의 관계는 아래처럼 3가지 미래 시나리오가 가능하다.

시나리오1: 전쟁을 하지 않고, 중동에서 군사적 긴장감만 높인다

미국은 이란과의 군사전쟁, 중국과의 무역전쟁, 북한과의 핵 협상을 동시에 감당하기 힘들다. 벌여놓은 판이 너무 크고 복잡해서, 이란과 전쟁을 벌일 경우 트럼프 자신에게도 예측 불확실성이 크게 증가하고 감당할 만한 수준을 넘어서는 위기의 가능성이 만들어진다. 일단 2020년 한 해로 한정해서 보면 트럼프가 무리해서 스스로 정국을 복잡하게 만들 가능성은 작다. 미국경제가 좋기 때문에 지금처럼만 유지해도 재선 가능성이 높다. 따라서 상황을 관리하면서 돌다리도 두드려 보고 건너는 전략이 우선이다.

이런 전략적 관점으로 대 이란 정책을 봐야 한다. 우선 이란이란 나라가 미국이 기존에 상대했던 중동의 적국들(이라크, 시리아, 기타 테러단체 등)과는 수준이 다르다. 미국이 이란과 전쟁을 감행해 승리하려면 걸프만에 배치한 항공모함 전단의 공중 화력만으로는 부족하다. 이란의 항복을 얻어내려면 대규모 지상군 투입이 필수다. 이란은 64만 5천 명의 지상군(정규군대인 공화국군 52만 명, 혁명수비대 12만 5천 명)을 보유하고 있다. 하지만 중동에 배치된 미국 지상군은 5만 명으로 걸프전쟁에 투입한 병력(1991년, 52만 명)의 10분의 1 수준에 불과하고 이라크전쟁에 투입한 병력(28만 명)보다도 훨씬 적다.

결국 미국이 이란과 전쟁을 하려면, 미국 본토에서 대규모 지상군을 파병하고, 동아시아에 배치한 병력의 일부를 차출해야 한다. 전 세계 미군기지에서 군수물자를 중동으로 재배치해야 한다. 이 정도의 대규모 지상군을 파병하려면 미국 의회의 승인을 얻어야 한다. 현재 미국 의회에서 이란과의 군사전쟁을 지지하는 의원은 소수파다. 일본이 진주만을 공격했듯이, 이란이 미국을 선제공격 해야만 의회에서 전쟁이 승인될 수 있을 것이다.

이란과 전쟁을 벌이면 시아파 무장단체인 레바논의 헤즈볼라, 예멘의 후티 반군 등과도 게릴라전을 벌여야 한다. 더불어 이란이 해상 목표물을 타격하는 대함탄도미사일ASBM을 보유하고 있기 때문에 호르무즈 해협을 통과하는 유조선을 비롯한 상선까지도 보호해야 한다. 이란은 이라크 후세인 정권과 달리 유럽 일부까지 공격할 수 있는 장거리탄도미사일도 다수 보유하고 있다.

전쟁이 장기화하면, 북한의 추가 도발이나 중국의 남중국해 도발, 베네수엘라 사태의 악화 가능성도 커지면서 전 세계 상황이 심각하게 꼬일 수 있다. 즉 전선이 3~4개 이상으로 늘어날 수 있다는 뜻이다. 그러면 중국, 유럽을 상대로 시작한 무역전쟁도 신경쓰기 힘들어진다.

미국이 대 이란 전쟁에서 우방의 지지를 얻기도 만만치 않다. 미국이 먼저 이란과의 핵합의를 파기했기 때문이다. 이란이 핵실험을 동결하고 있기 때문에 이라크 전쟁 때처럼 대량살상무기의 파괴라는 명분을 만들기도 어렵다. 오랜 우방인 영국에서마저 미국의 대 이란 정책에 대해서는 부정적 여론이 만만치 않은 이유다.

결국 트럼프 대통령으로서는 (전쟁을 벌이지 않고) 이란을 장기간 강력하게 봉쇄하면서 지지층을 향해 '나는 오바마와는 다른 강한 리더십'을 가진 대통령이라는 모양새만 보여주면 충분하다. 현 시점에서 트럼프에게는 이란(북한도 마찬가지다)과의 갈등을 적절한 수준에서 관리하면서 2020년 선거에 집중하는 것이 우월전략이다.

이란에게도 전쟁은 위험한 최후의 수단이기 때문에 긴장상태의 대치가 우월전략이다. 이런 이유로 2020년에도 미국과 이란의 전쟁 가능성은 낮다. 단, 이란의 배후 지원을 받는 테러집단이 우발적으로 혹은 실수로 미국 관련 시설에 '직접 공격'을 가해서 큰 피해를 입힌다면 전쟁 가능성은 갑자기 커질 수 있다.

시나리오2: 전쟁을 하지만, 미국이 단기전 승리로 끝낸다

만에 하나 이란과의 전쟁을 불사해야 하는 상황에 이르면 직접 감행하지 않고 이스라엘을 동원하여 이란을 치는 차도살인借刀殺人의 전략을 펼칠 가능성이 있다. 여기에 유럽과 중동에 있는 미국 동맹국들의 지원군을 보내려 할 수도 있다. 하지만 실현되기 쉽지 않으며 이런 시도가 성사되더라도 단기간에 이란의 전면적 항복을 받아낼 확률적 가능성은 매우 낮다.

시나리오3: 전쟁을 하지만, 장기전으로 이어진다

최악의 시나리오다. 이란과 전쟁을 벌여서 단기전으로 끝내지 못하고 이라크전쟁처럼 장기화할 경우 트럼프는 국내외에서 경제, 정치, 사회적으로 '강력한' 반발에 직면하면서 상황이 자신의 의도나 계산을 벗어나 통제불능의 상태로 빠져들 가능성이 커진다.

미국과 이란의 전쟁 명분이 북한과 같은 핵문제이기에, 트럼프가 전쟁을 감행하면 북한에게도 잘못된 메시지가 전달되어서 정치, 군사적 부담이 가중될 수 있다. 전쟁이 발발하면 원유 가격도 일시적으로 배럴당 100달러를 넘게 되어 미국경제에 큰 부담이 되고, 주식시장도 대충격을 피할 길이 없다. 더욱이 (1차 타결 후) 2020년에도 지속될 미중 무역전쟁의 긴장 국면에서 중국에게 강력한 패를 하나 줌으로써 모든 것이 엉망이 된다. 그러면 트럼프의 재선 가능성이 낮아질 수 있다.

미국이 이란과 전쟁을 벌여서 간신히 이긴다 해도 얻는 것은 거의 없고 손해만 잔뜩 입게 된다. 최악의 경우, 악화된 여론으로 트럼프 지지층과 공화당까지 돌아서면 (사법 방해 의심과 탈세, 각종 의혹을 받고 있는) 트럼프는 퇴임 이후의 정치적 안전마저 보장받기 어려울 수 있다. 즉, 트럼프에게 이란과의 전면적인 전쟁은 나락으로 추락하는 지름길이다. 재선 가능성이 높아지는 상황에서 손익 계산이 빠른 트럼프가 이런 모험을 감행할 이유가 없다.

다시 강조하면, 이란의 배후 지원을 받는 테러집단이 우발적으로 혹은 실수로 미국 관련 시설에 '직접 공격'해서 큰 피해를 입히거나, 이란이 일본의 진주만 공격처럼 미국을 향해 기습적인 선제 공격을 가하지만 않는다면 미국과 이란의 전면적 군사전쟁 가능성은 지극히 낮다.

Q IMF가 미국과 일본의 주식시장에 거품이 크게 끼었다고 경고했다. 박사님도 미국 주식시장이 20% 이상 하락하는 대조정을 피할 수 없을 것이라고 예측했다. 그렇다면 대조정이 일어날 가능성이 큰 시기는 언제일까?

금융시장에서 타이밍을 귀신같이 맞출 수 있는 사람은 없다. 그러나 확률적 가능성은 계산해서 예측해볼 수 있다. 확률적 가능성을 분석하면 얻을 수 있는 큰 장점이 하나 더 있다. 좋은 쪽으로든 나쁜 쪽으로든 변화의 움직임이 나타났을 때 빠르게 파악하여 대응할 수 있다. 변화를 만들어내는 힘과 그 운동방향, 상호작용에 대한 이해가 깊어지기 때문이다.

지금까지의 분석을 종합해보면 2020년에 대조정이 올 가능성은 작다고 보아야 한다. 2020년에도 미국경제는 여전히 좋을 것이다. 그리고 대조정의 조짐이 보일 때마다 트럼프가 시장을 안심시키는 말을 하거나 경기 부양 정책을 발표할 가능성이 크다.

그러나 대통령 선거가 끝난 후에는 달라질 것이다. 트럼프도 재선에 성공하면 가장 큰 목표를 달성한 셈이다. 따라서 대조정이 불가피하다면 임기 후반보다는 초반에 겪는 것이 나을 수 있다. 종합적으로 판단할 때 미국 주식시장의 대조정 시기는 2021~2022년일 가능성이 크다.

여기서 한 가지 추가로 설명할 점이 있다. 미국 주식시장이 대조정을 겪는다고 해서 미국경제가 파탄에 이르거나 경제적 위기에 빠지는 것이 아니다. 경제와 소비력이 탄탄하기 때문에 회복도 빠를 것이다. 대조정이 일어나도 곧바로 회복해서 다시 상승할 가능성이 크다. 오히려 더 큰 상승장으로 가기 위해서 꼭 거쳐야 할 조정이라고 보아야 한다.

Part 2

2020 한국경제,
소비 침체 두드러진다

Q 한마디로 2020년 한국경제를 어떻게 예측할 수 있을까?

2019년보다 더 안 좋아질 가능성이 크다. 매년 말이면, 다음 해의 경제 전망에 대한 질문을 가장 많이 받는다. 2018년 말에도 이렇게 답했었다. "2019년은 2018년보다 더 안 좋을 가능성이 크다." 실제로 2019년에는 정부조차도 경제성장률 예측치를 몇 번이나 낮추면서 발표할 정도로 경제 전반이 안 좋았다.

Q 무엇이 어떻게 안 좋아질까? 2018년 하반기에 발표한 시나리오에서 "2012년부터 심층에서 시작된 이상 징후가 2019년에는 표면으로 크게 드러나기 시작할 것"이라고 했다. 그 예측 내용에 대한 평가를 포함해서 2019년의 경제를 평가하고 2020년의 한국경제에 대한 예측을 좀더 자세하게 비교해서 설명해달라.

2019년과 2020년 한국경제상황의 차이를 한마디로 표현하면 이 상징후의 '심화'다. 특히 2019년과 가장 크게 다른 점은 '소비 침체'가 심화할 것이라는 점이다. 2019년은 제조업 위기, 제조업 경기의 침체가 1년 내내 화두였다. 2020년은 내수 소비시장의 침체와 위기가 가장 큰 화두가 될 것이다. 왜 그럴까? 제조업이 위기에 빠지면 고용이 줄고 임금이 낮아진다. 이는 시차를 두고 소비의 침체로 연결되기 때문이다.

2019년에 국내외를 강타한 제조업 위기가 획기적으로 개선되지 않는다면, 2020년에는 그 여파가 소비시장으로 전이될 가능성이 크다. 그런데 2020년에도 경기가 획기적으로 좋아질 요인이 보이지 않는다. 그러니 내수 소비시장에 영향을 받는 업종이나 기업이라면 2020년이 가장 큰 위기의 한 해가 될 가능성이 크다. 단단히 준비해야 한다.

어느 정도 심각해질지 알려면 한국경제의 현재 상황을 꼼꼼히 진단해 볼 필요가 있다. 다음 그림은 2004년부터 현재까지 OECD 주요 국가들의 경기선행지수 변화 추이를 보여주는 그림이다.

OECD 경기선행지수는 고용, 생산, 소비, 투자, 금융 등 영역에서 10가지 선행지표를 조합해서 산출하는 지수로서 국가별, 지역별로 6~10개월 뒤 경기 흐름과 경기 전환점을 예측하는 데 유용하다. 경기선행지수가 100 이하면 경기 수축 국면이라 본다. 그림을 보면, 현재 한국의 경기선행지수는 유럽 금융위기 때와 비슷할 정도로 나쁘다. 2008년 금융위기 전에 한국은 중국, 미국, 독일보다 낮았다. 하지

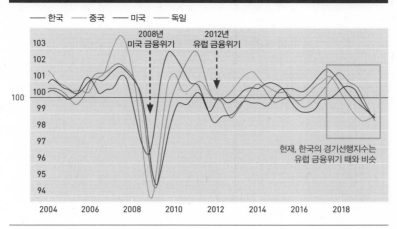

출처: OECD

만 금융위기가 발발한 후 1~2년 동안은 미국, 중국, 독일보다 선방했음을 알 수 있다. 하지만 2012년 유럽에서 금융위기가 발발한 시점부터 몇 년 동안 이들 국가보다 빠르게 악화했다. 2015~2016년, 미국이 긴축을 시작하자 미국 경기가 한동안 크게 위축되었던 데 반해 한국은 상대적으로 적게 영향을 받았다.

그런데 2017년부터 한국의 OECD 경기선행지수가 매우 빠르게 하락하기 시작했다. OECD 35개국으로 확대해서 비교해도 한국은 2018년부터 가장 빠르게 하락했다. 2019년 11월 현재 OECD 전체 평균보다 낮은 것은 물론이고, 그림에서 확연하게 드러나듯이 거의 최하위 권에 머물러 있다.

93쪽 상단의 그림은 자세한 분석을 위해 최근 상황을 확대한 그

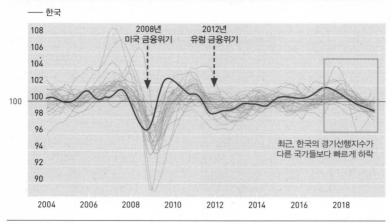

출처: OECD

래프이다. 한국의 경기선행지수는 2017년 6월부터 하락하기 시작해서, 2018년 초에는 OECD 평균보다 낮아졌고, 2018년 7월부터는 수축기에 진입했다. 그림에서 보듯이, 경기선행지수의 수축기 기간이 역대 최장 기록을 계속 경신하는 것은 물론이고 하락의 폭도 계속 악화하고 있다.

더 큰 문제는 다른 곳에 있다. 93쪽 하단의 그림은 OECD 기업 신뢰지수Business Confidence Index다. 100 이하면 수축 국면이라는 뜻이다.(기업신뢰지수는 경기선행지수, 소비자신뢰지수와 함께 6~9개월 앞서서 미리 경기를 전망하는 데 유용한 3대 지표 중 하나이다)

OECD 기업신뢰지수는 경기선행지수보다 더 안 좋음을 한눈에 알 수 있다. 한국의 경기선행지수는 2017년 6월부터 하락을 시작했

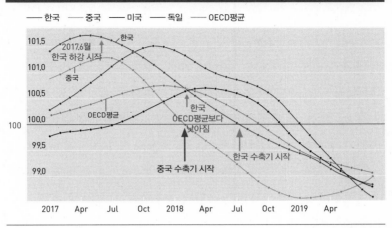

한국, OECD 경기선행지수 2017년 6월부터 하락 시작 – 역대 최장기

— 한국 — 중국 — 미국 — 독일 — OECD평균

101.5
101.0
100.5
100.0
100
99.5
99.0

2017.6월
한국 하강 시작

한국
중국
OECD평균

한국
OECD평균보다
낮아짐

중국 수축기 시작

한국 수축기 시작

2017 Apr Jul Oct 2018 Apr Jul Oct 2019 Apr

출처: OECD

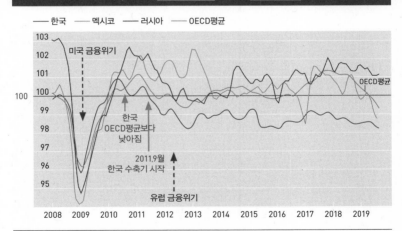

한국, OECD 기업신뢰지수 하락 – 역대 최장기

— 한국 — 멕시코 — 러시아 — OECD평균

103
102
101
100
99
98
97
96
95

미국 금융위기

한국
OECD평균보다
낮아짐

2011.9월
한국 수축기 시작

유럽 금융위기

OECD평균

2008 2009 2010 2011 2012 2013 2014 2015 2016 2017 2018 2019

출처: OECD

지만, 기업신뢰지수는 2010년부터 하락하기 시작했다. 기업신뢰지수가 OECD 평균보다 낮아진 시점은 2010년 후반이다. 경기선행지수가 2018년 초부터 OECD 평균보다 낮아진 것과 비교하면 기업 위기가 훨씬 먼저 시작되어 계속 악화하고 있음을 알 수 있다. 2011년 9월부터 수축기에 접어들었고, 지금도 계속 낮아지고 있다.

아래 그림은 2014년부터 현재까지 한국의 기업신뢰지수를 OECD 35개 국가와 비교한 그래프다. 한눈에 봐도 충격적이다. 최하위권, 그것도 아주 오랫동안 최하위권에 머물러 있다. 2015년에 한국보다 낮은 기업신뢰지수를 기록했던 나라가 리투아니아, 그리스, 칠레 정도였다. 하지만 이들 3개 국가도 최근에는 한국보다 기업신뢰지수가 높

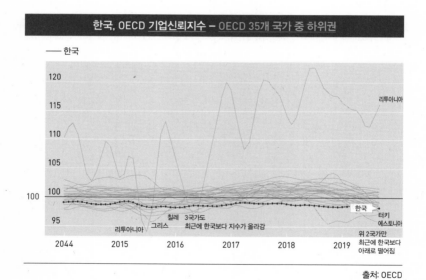

한국, OECD 기업신뢰지수 – OECD 35개 국가 중 하위권

출처: OECD

아졌다. 최근에 한국보다 낮은 기업신뢰지수를 보이는 국가는 터키, 에스토니아 정도이다.

당연히 한국의 제조업PMI에도 문제가 생겼다. 아래 그림에서 보듯이 한국의 제조업PMI는 2014년부터 50 근처로 하락한 이후로 짧은 반등을 제외하면 추세적으로 계속해서 하락하고 있다. 2018년까지는 반등할 경우 고점이 50을 살짝 상회하기라도 했지만, 최근에는 반등의 고점마저도 50 이하로 내려 가는 중이다. 이외에도, 한국은 행이 매출액 20억원 이상인 기업의 경영자를 대상으로 업종별·기업 규모별·수출내수기업별 등으로 나눠 조사한 기업경기실사지수BSI: Business Survey Index도 2019년 중반부터 빠르게 하락하기 시작했다. BSI 는 기업이 느끼는 체감경기지표다. 100을 기준으로 그보다 낮으면

한국 제조업PMI 추세

구매자관리지수(purchasing managers' index)—50미만이면 침체

2014년 제조업PMI
반등 고점도 50근처로 하락

출처: TRADINGECONOMICS.COM

경기가 악화할 것으로 예상하는 기업이 호전될 것으로 보는 기업보다 많다는 의미다. 민간단체인 전국경제인연합회 산하 한국경제연구원이 매출액 기준 600대 기업을 대상으로 조사한 BSI도 상황이 안 좋기는 마찬가지다. 2019년 11월의 BSI 전망치를 부문별로 보면, 내수(97.5), 수출(93.7), 투자(93.7), 자금(96.2), 재고(102.5), 고용(93.7), 채산성(95.5) 등 전 분야에서 악화하고 있다. 참고로 재고만 유일하게 100을 넘겼는데, 재고의 경우는 100 이상이면 재고 과잉을 뜻한다.

소비자신뢰지수Consumer Confidence Index도 안 좋을 것임을 쉽게 추측할 수 있다. 아래 그림에서 보듯이, 한국의 소비자신뢰지수는 2008년 미국발 금융위기 이후 2018년까지 그나마 선방했다. 하지만, 최근 (미국이나 OECD 평균 수치가 좋아지는 것과 반대로) 아주 빠르

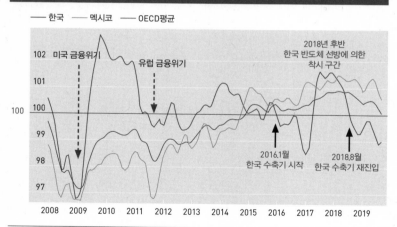

출처: OECD

게 하락 중이다. 한국의 소비자신뢰지수가 100 이하를 기록하며 수축기로 진입한 시점은 2016년 1월이다. 앞에서 살펴보았던 다른 지표들보다 가장 늦게 수축기에 진입했다. 2018년 후반기에는 한국의 반도체 수출이 놀라운 실적을 기록하며 잠시 큰 폭의 회복을 보였다. 그러나 예외적인 반도체 호황에 의한 착시 현상이 사라지자 곧바로 2018년 8월에 수축기에 재진입하고, 급하게 하락 중이다. 다른 수치와 마찬가지로 OECD 35개 국가 중에서 최하위권이다.

한국은 앞으로 6~9개월 뒤의 경기를 전망하는 3대 지표인 경기선행지수, 기업신뢰지수, 소비자신뢰지수가 모두 최악이다. 한국의 GDP 대비 민간소비 비중도 2000년 54.5%에서 2018년에는 48.0%로 낮아졌다. 경제성장률보다 민간소비 증가율이 더 낮은 것이다. 이는 저성장 국면에서 소비 침체가 더 빠르게 진행되고 있음을 보여준다.

최근에는 인플레이션율도 0%대로 추락했고, 기대인플레이션도 빠르게 하락 중이다. 기대인플레이션은 기업 및 가계 등의 경제 주체가 현재 알고 있는 정보를 바탕으로 예상하는 미래의 물가상승률이다. 생산자 가격도 2012년부터 제자리 걸음과 마이너스 성장을 반복했고, GDP 디플레이터deflator에도 이상 신호가 켜졌다. GDP 디플레이터는 일명 'GDP 물가'로, 소비자물가지수나 생산자물가지수뿐만 아니라 수출입물가지수, 임금 등 각종 가격지수가 반영된 종합 물가지수이다. 국민소득에 영향을 주는 모든 물가 요인을 포괄하며, 명목 GDP를 실질 GDP로 나누어 계산한다. 2019년 3분기에 이 지표는 전년 동기 대비 1.6% 하락했다. 외환 위기 때인 1999년 2분기(-2.7%)

이후 20년 만에 가장 큰 폭으로 하락한 것이다.[1] 현재 생산자물가는 물론이고, 국내 3대 물가지수인 소비자물가, 근원물가, GDP 디플레이터가 모두 안 좋은 상황이다.

이런 이상 신호 발생을 글로벌 경기침체 등 외부 요인 탓으로 돌리기도 쉽지 않다. 아래 그림을 보자. 2013년, 한국의 GDP 갭률GDP Gap Ratio이다. GDP 갭률이란 실질 GDP와 잠재 GDP(인플레이션 압력을 가속시키지 않으며 달성할 수 있는 최대 생산능력 아웃풋) 간의 격차를 말한다. 실질 GDP가 잠재 GDP를 웃돌아 플러스가 되면 인플레이션 갭Inflation Gap 상태로 경기 과열 상태다(인플레이션 가속 우려). 이럴 경우 총수요를 억제(긴축정책)할 필요가 생긴다. 반대로 실질 GDP가 잠재 GDP를 밑돌아 마이너스가 되면 디플레이션 갭Deflation Gap 상태

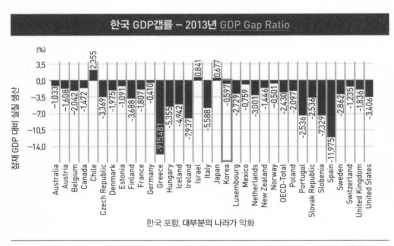

한국 GDP갭률 – 2013년 GDP Gap Ratio

출처: OECD

로 경기 위축 상태다. 이럴 경우 국가 경제가 최대 생산능력 이하로 작동하고 있다는 뜻이기 때문에 유효수요를 증가시켜 성장률을 높이고 실업률을 낮추는 확장정책을 펼쳐야 한다.

그림에서 보듯이, 글로벌 금융위기의 영향으로 한국을 포함해서 대부분의 나라가 악화되었다. 2013년에는 다른 나라들과 비교할 때 한국이 상당히 선방한 편이다. 하지만 2019년 상황을 보면 안타깝게도 대부분의 나라가 호전되었는데 한국은 예외였다. 대부분의 나라가 플러스로 돌아섰고, 그리스조차도 크게 호전되고 있다. 하지만 한국은 2013년보다 더 악화한 상태다. 2019년 한국의 경제성장률이 1%대로 추락한 이유가 여기 있다.

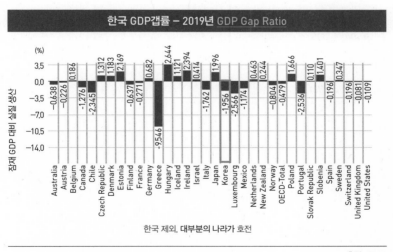

한국 GDP갭률 – 2019년 GDP Gap Ratio

한국 제외, 대부분의 나라가 호전

출처: OECD

Q 이렇게 경제가 안 좋지만 무역수지 흑자는 역대 최장기 기록을 계속 경신하고 있다. 한국은 수출로 먹고 사는 나라인데 수출에서 돌파구를 찾을 수 있지 않나?

무역수지 흑자가 역대 최장기 기록을 갈아치우고 있는 것은 맞다. 문제는 양과 질에서 모두 서서히 후퇴 중이라는 점이다. 2019년 10월 기준으로, 한국 수출은 10개월 연속 마이너스 성장률을 기

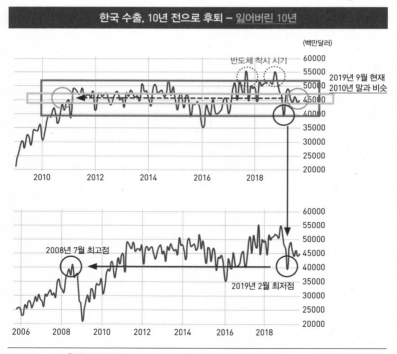

출처: TRADINGECONOMICS.COM | MINISTRY OF TRANDE, INDUSTRY & ENERGY(MOTIE)

록했고, 규모도 계속 줄었다. 반도체 호황에 의한 착시 시기였던 2017~2018년을 제외한다면 문제는 더욱 심각해진다. 2014년 후반부터 수출 성장률이 정체하면서 서서히 하락했다. 앞의 그림처럼, 2019년 9월의 수치가 2010년 말과 비슷하고, 2019년 최저치는 2008년 7월 최고치와 비슷하다. 수치 상으로는 비슷하게 보이지만, 한국의 GDP가 2010년 1조 940억 달러에서 2018년 1조 7200억 달러로 증가한 것을 감안하면 실질 수출 규모는 하락했다고 평가해야 한다. 한마디로, 한국의 수출은 10년 전으로 후퇴한 상태다. 잃어버린 10년은 한국 수출에서 이미 시작되었다고 해도 과언이 아니다.

Q 이런 침체 상황은 구조적인 것이 아니라 일시적인 것이라고 평가하는 목소리도 여전히 강하게 존재한다. 여전히 한국경제의 추락이 일시적인 현상이 아니라 일본처럼 '잃어버린 20년'으로 간다고 보는 장기저성장 시나리오를 유지하고 있는가? 앞으로 한국의 경제성장에 대해 어떻게 예측하고 있는가?

경제는 정부, 기업, 가계 등의 경제 주체가 어떻게 움직이느냐에 따라서 방향이 달라진다. 따라서 콕 집어서 정확하게 미래를 예언할 수는 없지만, 현재의 상황이나 지난 몇 년의 정부, 기업, 가계의 움직임과 대응 방법을 분석해 보면 확률적 가능성은 가늠해 볼 수 있다.

결론을 먼저 말하면, 한국의 경제 상황은 일시적이지 않다. 오랫동안 서서히 병이 진행되어 악영향이 누적된 상태다. 그래서 단기간에 회복할 가능성은 확률적으로 낮다. 이 부분을 자세하게 이해하고

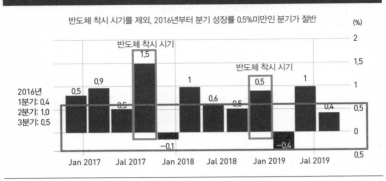

예측하기 위해서 최근 상황부터 다시 점검해 보자. 위의 그림처럼, 2016년부터 최근까지 한국의 분기별 경제성장률은 (반도체 호황에 의한 착시 시기를 제외하면) 절반 정도 시기는 0.5% 미만이었다.

좀더 장기간의 추이를 분석해 보자. 다음 그림은 1995년부터 현재까지 한국의 경제성장률 변화를 보여주는 그림이다. 그래프에서 볼 수 있듯이, 한국경제성장률이 5%가 붕괴된 때는 2011년이다. 3%가 붕괴된 때는 2018년이고, 2%가 붕괴된 때는 2019년이다. 문제는 추락 기간이 아주 빠르다는 점이다. 경제 규모가 커지면 성장률은 '당연히' 하락하는 것이 정상이다. 정상이기 때문에 문제가 없다고 말한다. 그러나 필자가 분석하는 한국경제의 문제는 성장률 하락이 아니다. 진짜 문제는 성장률 하락 속도다. 필자가 한국의 경제성장률 변화를 미국, 일본, 독일과 비교한 그림을 보자.

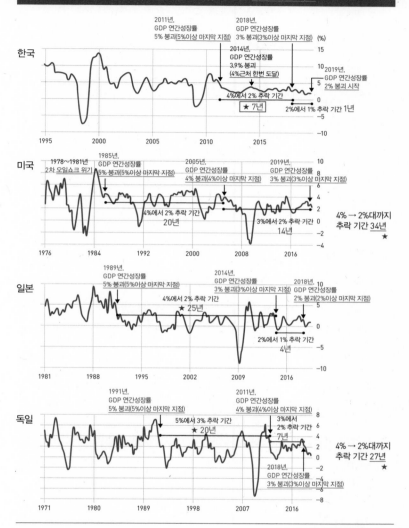

한국과 미국, 일본, 독일 경제성장률 하락 시점 비교

한국

2011년,
GDP 연간성장률
5% 붕괴(5%이상 마지막 지점)

2018년,
GDP 연간성장률
3% 붕괴(3%이상 마지막 지점)

2014년,
GDP 연간성장률
3.9% 붕괴
(4%근처 한번 도달)

2019년,
GDP 연간성장률
2% 붕괴 시작

4%에서 2% 추락 기간
★ 7년

2%에서 1% 추락 기간 1년

미국

1978~1981년
2차 오일쇼크 위기

1985년,
GDP 연간성장률
5% 붕괴(5%이상 마지막 지점)

2005년,
GDP 연간성장률
4% 붕괴(4%이상 마지막 지점)

2019년,
GDP 연간성장률
3% 붕괴(3%이상 마지막 지점)

4%에서 2% 추락 기간
20년

3%에서 2% 추락 기간
14년

4% → 2%대까지
추락 기간 34년
★

일본

1989년,
GDP 연간성장률
5% 붕괴(5%이상 마지막 지점)

4%에서 2% 추락 기간
★ 25년

2014년,
GDP 연간성장률
3% 붕괴(3%이상 마지막 지점)

2018년,
GDP 연간성장률
2% 붕괴(2%이상 마지막 지점)

2%에서 1% 추락 기간
4년

독일

1991년,
GDP 연간성장률
5% 붕괴(5%이상 마지막 지점)

2011년,
GDP 연간성장률
4% 붕괴(4%이상 마지막 지점)

5%에서 3% 추락 기간
★ 20년

3%에서
2% 추락 기간
7년

2018년,
GDP 연간성장률
3% 붕괴(3%이상 마지막 지점)

4% → 2%대까지
추락 기간 27년
★

출처: TRADINGECONOMICS.COM

그림으로 비교하면, "한국경제성장률 하락 속도가 아주 심각하다"는 말을 한눈에 이해할 수 있을 것이다. 미국의 경우, 경제성장률 5%가 붕괴된 시점부터 2% 붕괴 시점까지 34년 걸렸다. 독일은 27년 걸렸고, 일본도 25년 걸렸다. 한국은 단 7년이다. 심지어 1%대로 추락하는 데 일본이 4년 걸렸는데, 한국은 단 1년이다. 미국과 독일은 여전히 2%대 경제성장률을 유지 중이다.

2013년 필자는 〈2030 대담한 미래〉라는 제목의 미래예측서를 출간했다. 이 책에서 필자는 한국의 미래를 예측하면서 아래와 같이 경고했었다.

"한국의 현재 사회 및 경제, 산업 시스템들은 성장의 한계에 이미 도달했다. 물론, 이 시스템을 그대로 유지하고서도 추가적으로 25,000~30,000달러까지의 경제성장은 할 수 있다. 하지만 거기가 끝이다. 정치, 경제, 산업, 사회 등의 모든 영역에 걸쳐 근본적으로 재설계하는 수준의 개혁이 없으면 앞으로 20~30년 이내에 한국은 세계경제에서 차지하는 영향력이나 경제적 몫이 지금보다 현저하게 낮아질 것이다."

그 당시, 한국 사회의 분위기는 다가오는 미래 위기에 대해서 반신반의했다. 2008년 미국발 금융위기로 전 세계 경제가 잠시 주춤했기 때문에 한국도 그럴 뿐이라고 생각했다. 심지어 지난 20~30년 간 한국이 보여준 저력을 거론하며 '이번에도 문제 없다'며 자신만만해 했고, 한국의 지속가능한 미래 성장을 의심하지 않았다. 필자는 이런 분위기가 얼마나 위험한 태도이며 심각한 오해인지를 다음과 같이 경고했었다.

"아직도 많은 사람들은 1970~1990년대의 산업 성장의 옛 영광이 추가적인 노력 없이도 충분히 재현될 수 있으며, 한국의 1인당 GDP는 2050년이 되면 전 세계 2위가 될 정도로 미래가 밝으며, 현재 몇몇 수출 대기업들의 번영과 세계시장에서의 선전이 영원히 사라지지 않을 것이라는 꿈 속에 살고 있다. 그러나 이것은 명백한 시대착오적 발상이다. 도리어 위기감을 떨어 뜨려 변화의 시기를 놓치게 해서 잃어버린 10년으로 가는 무서운 결과를 초래하게 만드는 오해다."

당시 필자는 지금 상태로 계속 간다면 한국판 '잃어버린 10~20년'으로 빠져들 가능성이 크다는 예측 시나리오를 발표했다. 그 가능성을 묻는 질문에 "70~80% 정도"라고 대답했다. 미래학에서 이 정도의 수치는 아주 높은 가능성이다. 현재 발생하고 있는 한국경제의 침체 혹은 침몰 현상은 절대로 일시적인 사건이 아니다. 그렇기 때문에 (반도체 대호황이 반복되어 경제성장률 착시 효과가 재현되는 것을 제외하고) 단기간에 극적인 반전이 일어나기 힘들다. 계속해서 저성장을 벗어나기 힘들 가능성이 확률적으로 더 높다. 아주 보수적으로 본다 할지라도, 지금은 단단히 긴장하고 철저하게 대비해야 할 시기이다.

Q 외환위기 때보다 경제 상황이 더 안 좋다는 목소리가 많다. 단도직입적으로 묻겠다. 한국에서 다시 금융위기가 발생할까?

〈2030 대담한 미래〉라는 예측서를 쓸 당시, 한국을 향해 다가오는 큰 위기 2가지를 거론했다. 하나는 방금 되짚은 장기 저성장(잃어버린 10~20년)이고, 다른 하나는 그 과정에서 발생 가능성이 높은 '제2의 금융위기'였다. 2013년에 필자는 앞으로 5년은 더 지속될 글로벌 위기가 한국에 커다란 짐이 되어, 다가오는 위기에 대응하기 어렵게 만들 가능성이 크다고 보았다. 미국과 중국을 비롯한 전 세계 국가가 경제 위기를 극복하기 위해 자국의 이익을 극대화하는 전략을 사용하면서 한국의 정부나 기업이 운신할 폭이 점점 좁아질 것이며, 집 밖에서 벌어지는 급한 불을 끄느라 집 안에서 모락모락 피어오르는 연기를 보지 못하는 상황에 빠져들 수 있다고 경고했다. '집 안에서 피어오르는 연기'가 바로 제2의 금융위기 가능성이다.

집 밖에서 일어난 불은 중국의 사드 보복, 미국의 보호무역주의 정책, 미중 무역전쟁, 한일 무역전쟁 등으로 현실이 되었다. 안으로는 한국 정부가 재정적자를 늘려 위기 탈출에 안간힘을 쓰고 있지만 역부족이다. 한국은행이 통화정책을 사용해도 효과성이 점점 줄어들고 있다. 기업들도 다양한 노력을 기울이지만 글로벌 경쟁 상황이 바뀌고, 트럼프의 강력한 보호무역 정책과 미중 전쟁의 여파가 산업 전반에 걸쳐 파급되면서 한계에 부딪혔다.

미래는 갑자기 오지 않는다. 미래는 반드시 미래 징후를 던지면서 온다. 그래서 대부분의 미래 위기에 대해 선제적 대응이 가능하다. 절대 피할 수 없는 위기라면 피해라도 최소화할 수 있다.

"한국이 잃어버린 10~20년에 빠지지 않기 위해서는 앞으로 10년이 아주 중요하다. 즉 이번과 다음 정부의 역할이 아주 중요하다."

2013년에 필자가 경고했던 내용이다. 10년 중에서 6년이 흘렀다. 이제 남은 기간은 단 4년뿐이다. 4년이란 숫자는 상징적 숫자로 제2의 금융위기가 먼 미래의 일이 아니라는 의미이다. 당장 2020년에 일어난다 하더라도 이상한 일이 아닐 정도로 심각한 상태다.

2013년보다 위기의 신호도 더 많아지고 잦아지고 있다. 기업 영역에서는 2018년에 한국 기업의 흑자규모가 60% 감소했고, 한국 기업의 32%는 영업이익으로 이자비용도 감당못할 정도로 수익성이 악화하였다. 2019년에도 이런 수치가 거의 개선되지 않았고, 점점 악화했다. 한국 기업의 신용등급 하락 경고가 끊이지 않고 있으며, 단기 부채도 증가 중이다. 이미 제조업 제2차 공동화도 시작되었다. 금융 영역에서는 은행 대출 연체율이 불안한 행보를 보이고 있고, 카드 대출 연체율도 상승 중이다. 경기 침체가 지속되면서 저축은행의 수익성도 악화 중이다.

가계 영역에서도 미래 위기 신호가 지속적으로 나온다. 이미 GDP 대비 100%에 육박한 가계부채는 잠시 상승 속도가 완만해지는 듯하다가 다시 빠르게 늘고 있다. 참고로 다중채무자는 지난 4년 동안

20% 증가했고, 한국의 가계부채 증가 속도는 세계 1위인 중국 다음으로 빠르다. 부동산 버블 붕괴의 가능성을 알려주는 신호 중 하나인 '갭투자 파산(깡통 전세)'도 서서히 증가 중이다. 빚을 돌려막는 자영업자들이 증가하면서 자영업자의 금융 불안도 커지고 있다.

이제 원로학자들도 금융위기 및 장기 저성장에 대한 경고 목소리를 높이고 있다. 세계은행World Bank에서 연구한 바에 의하면, (역사적으로 볼 때) 한국처럼 선진국과 개발도상국 중간에 위치한 나라가 큰 금융시장을 가지고 있을 경우, 한국보다 미국의 금리가 더 높거나 글로벌 금융시장의 변동성이 커지면 큰 타격을 입는다. 금융시장이 클수록 외국 투자자들이 돈을 넣고 뺄 기회가 많기 때문이다.

제로 금리 상황이라도 위기는 사라지지 않는다. 부채의 부담은 줄겠지만 다른 편에서 위기가 발생하기 때문이다. 좀비 기업 구조조정이 늦어지거나 은행, 보험사, 연기금 등의 대차대조표가 악화한다. 모두 금융위기 가능성을 높이는 요인들이다.

그렇다고 당장 2020년에 금융위기가 발발하지는 않을 것이다. 가계부채의 총량이 계속 증가한다고 해서 금융위기가 자동으로 발발하지는 않는다. 가계부채의 증가와 한국 기업의 역량 저하 등은 금융위기의 발발 가능성을 높인다. 한국에서 제2의 금융위기라는 폭탄이 터지려면 스위치가 눌려야 한다. 필자는 내부에서 3개, 외부에서 3개 등 총 6개의 스위치를 예측하고 집중해서 추적 중이다.

- **내부적 스위치**

부동산 가격의 가파른 하락으로 인한 금융기관의 파산

한국은행의 '급격한' 기준금리 인상

부동산 가격 하락

- **외부적 스위치**

미국의 '급격한' 기준금리 인상

미국 주식시장의 대조정

중국의 금융위기

신흥국의 금융위기는 간접적 변수일 뿐이고 한국 금융위기를 직접 촉발하는 트리거는 아니다. 미국 연준이 금리 인상을 멈추었기 때문에 미국의 '급격한' 기준금리 인상과 한국은행의 '급격한' 기준금리 인상이라는 2개의 스위치는 잠정 보류된 상태다. 한국 내 부동산 가격 하락도 기준금리 인상 보류와 맞물려 투기 자본의 움직임이 커지면서 고점에서 위태로운 줄타기를 하는 중이다. 미중 무역전쟁이 1차 합의에 성공하면 단기적으로 '중국의 금융위기' 스위치도 봉인된다.

하지만 그 어떤 스위치도 완전히 작동을 멈추지는 않았다는 점을 명심해야 한다. 잠시 보류되었을 뿐이다. 스위치가 잠시 봉인된 상황에서도 가계 부채는 계속 증가 중이고, 기업 실적도 악화하고 있다. 2020년은 본격적인 소비 위축의 충격이 한국경제를 강타할 것이다.

국회의원 선거와 대통령 선거를 차례로 치러야 하기 때문에 강력한 구조조정을 하기도 어렵다.

그러나 잠시 봉인된 스위치들이 조만간 하나 둘씩 다시 켜질 가능성이 있다. 미국 연준은 빠르면 2020년에 긴축 정책으로 전환하거나 기준금리 인상을 다시 시작할 가능성이 있다. 그렇게 되면, 한국은행의 '급격한' 기준금리 인상, 중국의 금융위기 가능성이라는 스위치도 재가동된다. 미국 주식시장의 대조정 스위치는 2020년 미국 대선이 끝나면 켜질 수 있다. 다시 한번 강조하지만 한국의 제2의 금융위기 가능성은 절대로 사라지지 않았다. 근본적 문제를 해결하지 못한 채 잠시 보류되었을 뿐이다. 위기의 타이머는 머지 않은 미래에 재가동된다.

Q 정부의 강력한 부동산 가격 억제 정책에도 불구하고, 서울의 일부 지역은 부동산 가격이 크게 오르고 있다. 부동산 시장은 앞으로 어떻게 될까?

2020년 한국 부동산 시장은 한 마디로 다음과 같이 예측할 수 있을 것이다.

"정부의 부동산 규제를 피해 다니는 자금의 이동에 따라 풍선효과가 여기저기서 나타날 것이다. 풍선효과가 일어나지 않는 지역은 가격 하락과 거래절벽 현상이 계속될 것이다"

필자는 한국 부동산의 미래에 대한 질문을 받을 때마다 이렇게 대답했다. 한국 부동산의 미래는 '가격의 정상화'다. 현재 한국 부동산 가격은 정상이 아니다. 정상 가격이 아니라는 것은 무엇을 뜻하는가? 평범함 직장인이 20~30년 동안 알뜰살뜰 저축해서 구매할 수 있는 가격을 넘어섰다는 말이다. 서민이나 청년층은 물론이고, 중산층 직장인의 대부분이 평균 매매가격 8억원이 넘는 서울 아파트를 사기는 어렵다. 강남 11개구 아파트 평균 매매가는 10억원이 넘는다. 평범한 직장인이 7~8억원을 모으려면 월평균 200만원씩 저금해도 30년이 걸린다. 그나마 이 금액은 원금이다. 은행이자까지 계산한다면 강남 아파트 실구입 비용은 12~14억원을 훌쩍 넘는다. 50~55세 은퇴시기까지 모으기 불가능한 금액이다. 설상가상으로 은퇴도 빨라졌고, 노후자금도 늘어나고 있다.

필자가 눈 여겨 보고 있는 부동산 버블 붕괴의 스위치는 크게 3가지다. 첫째, 소득 감소다. 소득 감소는 경제성장률 하락, 실업률 증가, 자산 가격 및 임대료(주식, 부동산) 하락으로 인해 발생한다. 둘째, 금융비용 상승(이자, 원금 상환)이다. 이것은 기준금리 인상, 원금 상환 압력 증가를 뜻한다. 부동산 가격 상승은 멈추고, 구매한 집을 비싼 값에 다시 매도하지 못한 상태에서 원금 상환 리스크에 계속 노출되는 사람이 늘 것이다. 마지막으로 부동산 가치 하락이다. 인구구조의 대세 변화(저출산, 고령화 위기)가 부동산의 패러다임을 바꾸는 근본 원인이 된다. 금융이나 국가경제적 원인으로는 부동산 담보 파생상품 부실 발생, PF대출 등 부동산 담보채권 부실 발생, 국내정세 불안, 내수경기 하락, 경상수지 불안 등이 원인이 될 수 있다. 외부적 원인으로는 외국자본의 국내 금융시장 탈출이다. 환율전쟁 및 금융 공격 등도 원인이 될 수 있다.

일부에서는 (이런 원인의 영향과 힘을 무시하고) 수요 공급의 불균형을 이유로 공급이 부족하기 때문에 부동산 가격은 계속 오를 것이라고 주장한다. 근거가 있는 주장이다. 하지만 상식적으로 생각해보자. 한국 부동산 가격이 여기서 더 오른다면 얼마나 더 올라야 할까? 대부분의 국민이 지금도 구매하기 어려운데, 더 오른다면 가족의 모든 신용을 동원해서 간신히 집을 구매해도 은퇴까지 절대로 갚을 수 없는 빚을 저야 한다.

이미 상당수의 부동산 가격 상승은 투기 자본의 거래에 의존하고 있을 것이다. 물론 앞으로도 한국에서 부동산 거래는 계속된다. 비싼 가격이든, 싼 가격이든, 폭락한 가격이든, 서서히 하락하는 가격이든 사람은 집을 사야 하기 때문이다.

그러나 대부분의 직장인은 현재 가격에서 부동산을 사기 어렵다. 좀더 오르면 더욱 힘들다. 사야 하는데 가격이 너무 높다면 어떻게 행동할까? 답은 간단하다. 자기가 구매 할 수 있는 가격대까지 하락하기를 기다려야 한다. 이것이 필자가 예측하는 '부동산 가격 정상화 시나리오'의 바탕이다. 이런 미래가 아주 먼 미래의 이야기가 아니다. 이미 가격 정상화가 시작되었거나 완료된 곳도 있다. 부동산 시장의 특성상, 전국 부동산 가격의 정상화는 서서히 진행되고 있을 뿐이다. 물론, 서울의 어떤 지역은 가격이 하락하지 않고 더 오를 수 있다. 부자들이 원하는 부동산 수요보다 공급이 적은 지역이다. 그러나 이런 지역은 서민, 청년, 중산층과 상관없는 별천지다. (부동산시장에 관한 자세한 분석과 예측 시나리오를 소개하는 책을 2020년 상반기에 출간할 예정이다.)

Q 경제적 위기감을 느끼는 사람들이 많아지면서 스스로 경제와 금융을 공부하려는 욕구가 커지고 있다. 미래예측을 어떻게 읽어야 할까?

미래 예측에 관한 필자의 신념을 말하면 조금은 도움이 될 듯하다. 필자가 생각하는 미래 예측은 한 번 내뱉은 미래 모습에 대해 절대로 수정을 하지 않고 고집스럽게 주장하는 예언이 아니다. 미래 예측은 팩트를 기반으로 미래에 대한 논리적이고 확률적인 가설 추론을 통해 이루어진다. 시나리오를 읽는 독자에게 미래에 대한 새로운 생각을 자극하고 미래에 발생할 수 있는 위기와 기회의 가능성을 미리 통찰해 봄으로써 현재의 생각과 행동을 바꿀 수 있게 돕는 것이다. 필자가 예측했던 미래 위기는 현실이 되지 않게 하고, 예측했던 미래 기회는 더 크게 만들도록 돕는 것이다. 그래서 최초의 시나리오를 발표한 이후 변화의 방향, 속도, 타이밍, 지역화, 지속 가능성을 꾸준히 관찰해 새로운 미래 변화 가능성들이 나타나면 빠른 속도로 예측 시나리오에 '다시 반영'해야 한다. 필자는 이런 작업을 시나리오 최적화라 하고, 이런 일을 최대한 객관적으로 하는 것이 미래학자의 윤리라고 생각한다.

독자들도 전문가의 지식을 참고하되 자신이 관심을 가지고 있는 투자나 비즈니스 영역에 관해서는 자기만의 미래지도를 만들어서 꾸준히 업데이트 해나가면 크게 통찰력을 높일 수 있을 것이다.

미주

Part 1

1. 한국경제 2019.10.31 파월 "내린 금리수준 적절"…월가에선 "곧 추가 인하할 것"

2. 한국경제 2019.10.31 파월 "내린 금리수준 적절"…월가에선 "곧 추가 인하할 것"

3. 한국경제 2019.10.31 [김현석의 월스트리트나우] 파월에 환호한 월街…"매파적 인하 우려 덜어"

4. 한국경제 2019.10.31 [김현석의 월스트리트나우] 파월에 환호한 월街…"매파적 인하 우려 덜어"

5. PMI는 기업의 구매 담당자를 대상으로 신규 주문, 생산, 재고, 출하 정도, 지불 가격, 고용 현황 등을 조사한 한 결과를 0~100 사이 수치로 보여준다. PMI 수치는 50 이상이면 경기의 확장, 50 미만일 경우에는 수축을 의미한다. (네이버 지식백과: 구매자관리지수 (시사상식사전, pmg 지식엔진연구소)

6. 연합뉴스, 2019.04.15, "트럼프, 소액후원자 기부로 모금 '독주'…민주당 주자 압도"

7. 한국경제, 2016.11.24, 클린턴 패배는 중국 수입품 때문?

Part 2

1. 조선일보, 2019.12.04 , GDP 물가, 4분기 내리 마이너스… 한번도 경험 못한 이 상황

아시아미래인재연구소ᴬᶠᴴᴵ
미래학 Master 인증과정 소개

Overview "내가 배운 것이 나를 말해준다!"

이 과정은 최고 수준의 미래예측과 미래전략 수립 전문가를 양성하는 과정으로 현대 미래학이 사용하는 최고 수준의 정성적이고 정량적인 예측기법들, 복잡성이 증대되는 시대에 변화를 예측하는 데 적극적으로 도입되고 있는 컴퓨터 시뮬레이션 기법을 활용한 미래예측을 기업경영과 신산업 발굴에 접목하는 노하우를 배운다.

Master 과정 커리큘럼

미래 이슈 연구: 기술 예측 연구, 사회 예측 연구, 미래학 기초 연구
투자 통찰 훈련
미래예측 실습 훈련

과목 수업 순환 커리큘럼(6 Round)

1 Round: Foundation of Futures Studies(미래학 토대), 수학·철학과 미래예측
2 Round: 시스템 사고와 미래예측, 인공지능 기초
3 Round: 인공지능 고급, 빅데이터, 정성적 예측방법론
4 Round: 거시사와 미래예측, 시나리오 예측방법론 A
5 Round: 게임이론과 미래예측, 시나리오 예측방법론 B
6 Round: 복잡계와 미래예측, 정량적 예측방법론, Visioning(개인, 기업 미래 디자인과 전략)

'미래통찰 보고서' 구독 안내

가장 중요한 미래 시그널을 남보다 먼저 알 수 있습니다.

미국과 중국의 패권전쟁은 아직 끝나지 않았으며 미국을 비롯한 글로벌 경제 상황은 여러 가지 위기 가능성들을 만들어낼 것입니다.
미래학자 최윤식 박사가 우리에게 다가올 금융위기의 가능성을 예측하고 부동산 가격 정상화와 한국 기업의 위기 등 다층적인 위기를 통찰할 수 있는 미래통찰 보고서를 발간합니다.

주 1~2회 발간하는 미래통찰 보고서는 최윤식 박사가 시시각각 변하는 상황을 가장 빠르게 추적하고, 현상 이면에 숨겨진 힘을 통찰하여 핵심을 전달합니다.

미래통찰 보고서는 환경 변화를 남보다 먼저 읽고, 위기가 오기 전에 미리 합리적인 대응책을 세울 수 있는 무기가 될 것입니다.
한국을 강타할 위기를 심층 추적하고 변화를 통찰할 수 있는 인사이트를 만나보십시오.

전화 문의: 010-3444-0910 (담당자: 염춘국 팀장)
이메일 문의: duacnszz@naver.com
홈페이지: cysinsight.com